origine de la peinture

Collection « encre marine »
ISBN : 978-2-35088-071-6

michel guérin

origine de la peinture

sur Rembrandt, Cézanne et l'immémorial

encre marine

* Rembrandt, *Autoportrait aux yeux hagards* (1630)

** Rembrandt, *Autoportrait* (1657)

Sommaire

p. 13 *Avant-propos*

p. 27 La peinture effarée (Rembrandt et l'autoportrait)
p. 29 ☙ L'effarement
p. 33 ☙ Sur un autoportrait de Rembrandt
p. 49 ☙ L'individu est ineffable

p. 61 Mémoires d'ombres
p. 63 ☙ Bête de peintre !
p. 63 1. André Malraux et Walter Benjamin
p. 69 2. Le nom de l'Art
p. 73 3. La peinture en tant qu'art chrétien
p. 78 4. Sortir de l'histoire par la mémoire
p. 83 5. Figurer et naturer (*figura naturans*)
p. 88 6. L'immémorial
p. 90 7. Un Indépendant
p. 93 ☙ Zoographie
p. 95 1. La « *skiagraphia* » et la hantise du double
p. 101 2. L'âme charnelle

p. 109 Cézanne et la réalisation
p. 113 ☙ Nature de la peinture
p. 129 ☙ Un âge d'or dans la modernité

p. 139 Origine des textes

p. 141 Du même auteur

Avant-propos

L'immémorial

LORSQU'IL M'ARRIVE de me demander pourquoi j'ai toujours associé l'adjectif *immémorial* à la peinture, je trouve plusieurs réponses qui, toutes sans doute, renferment par bouts la solution de l'énigme.

Le *geste* de peindre d'abord est parfaitement accompli au moment où les Paléolithiques le pratiquent ; il n'aura pas à faire ses preuves puisque les cortèges d'animaux de Lascaux ou d'Altamira rivalisent dans l'intemporel avec Rubens, Delacroix, Picasso ou Chagall. Cela ne raye pas d'un trait l'histoire de l'art, qui fournit notre amoureuse curiosité des mille et une possibilités non pas seulement de *représenter*, mais d'y ajouter un commentaire d'époque – comme la signature du temps par la main, l'œil et l'esprit d'un homme. Dès qu'elle pénètre l'espace de l'histoire, c'est-à-dire des préjugés de la culture, la *figuration* prend le nom de *représentation* et, du coup, se découvre l'obligée de clercs et de maîtres, de codes et de récits plus ou moins légendaires, bientôt de traités puis de manifestes ; elle alourdit le primesaut de son geste des scrupules qu'inspire à l'artiste le plus libre le goût tout puissant (et si ce n'est celui qui pèse maintenant, c'est celui qu'il anticipe, qui régnera demain).

Il y a effet d'histoire dès qu'une culture valorise une discipline ou une activité, compare ce qu'elle y produit avec ce qu'ont fait les autres, ailleurs ou avant. J'appelle représentation la figuration prise en otage par la référence et qui finit par se prendre au jeu. Pour le dire dans les termes (forts, mais idéologiquement datés) de Diderot : l'art de représenter est sous-tendu par la polarité du génie et du goût, il est disputé par deux puissances qui le tirent en sens opposé. Elles s'appellent depuis Valéry l'*esthétique*, art d'être reçu par le public en fonction de ses attentes, et *poïétique*, art de faire selon soi, quitte à convertir le hasard en nécessité intérieure.

On se trompe lourdement sur le slogan classique de l'« imitation de la nature » si l'on prête aux artistes et aux doctes qui l'ont imposé et transmis la niaise idée qui accompagne généralement la *mimèsis*. Personne n'a jamais pensé ni voulu que la peinture, hélas bientôt affublée de l'adjectif *figurative*, fût une copie exactement reproduite de la réalité extérieure. Et d'abord pour cette bonne raison que l'« objet » du tableau est l'*histoire*, c'est-à-dire une *action* au sens où Aristote définit la tragédie la représentation d'une action, *mimèsis praxeôs*. Pour dire vite, la référence ne se situe pas où l'on croit ou feint de croire qu'elle est. Aucun artiste n'a jamais rendu ce qu'il a perçu avec le regard de tout le monde, c'est-à-dire une image moyenne, dont on n'a que faire puisqu'on jouit de l'original. L'idéal d'une similarité confinant à l'identique est absurde et contradictoire et, là-dessus, la célèbre pensée de Pascal sur la « vanité de la peinture » a ramassé les cendres d'un faux problème. Ce que figure le peintre, ce n'est pas la nature telle qu'elle *apparaît*, c'est la nature telle qu'il croit avec ferveur qu'elle *est*. Sa vision prend ses références non dans la perception immédiate, mais dans les interprétations formelles qui l'ont précédée et dont à la fois il s'inspire et se dégage. Le rapport à la référence est émulatoire, agonique, certainement pas mimétique. Autrement dit, ce sont les maîtres – les Anciens, disaient

Winckelmann ou Diderot[1] – qui orientent la représentation et en déterminent largement l'erre, bien plus qu'une Nature cachée dans le secret du cœur. Elle fait plus qu'orienter, elle nécessite : elle porte à la Figure sans souci des entours rhétoriques et des conditions médiatiques. C'est parce que la nature est *naturante* pour l'artiste (plutôt que naturée) que son geste, loin de suivre un soi-disant modèle parmi les phénomènes, schématise et projette son origine invisible. En deçà des *conventions* de la surface historique, le peintre sent qu'il traduit, transpose et découvre en l'inventant un *code* inouï. Les premières font allégeance à l'histoire, le second, crypté quoique de large portée, relève de la mémoire. Il est en quelque sorte génétique. Diderot comprend spécialement la peinture comme une affaire de *dessus* et de *dessous* (ou de *dedans*)[2] qui négocient en permanence.

La différence du génie au goût, telle qu'il la thématise avec son siècle, n'a guère d'intérêt si le but est seulement de proclamer la supériorité de la partie « idéale » de l'art, apanage du premier, sur l'« imitative » où peuvent exceller des hommes « assez communs ». L'*Essai sur la peinture* renforce mon sentiment que le philosophe a autre chose en vue, qui ne contredit pas l'éloge trivial de la nature, s'y inscrit même, mais qui, pour ce qui est de la peinture, a la valeur d'un test qualitatif, d'une pierre de touche irréfragable. Il s'agit de l'*incarnat.*

> « On a dit que la plus belle couleur qu'il y eût au monde était cette rougeur aimable dont l'innocence, la jeunesse, la santé, la modestie et la pudeur coloraient les joues d'une fille ; et l'on a dit une chose qui n'était pas seulement fine, touchante et délicate, mais vraie ; *car c'est*

1. « Le Poussin, qui s'y connaissait, disait de Raphaël qu'entre les modernes c'était un aigle, qu'à côté des Anciens ce n'était qu'un âne », *Des Recherches sur les beautés de la peinture* de M. Webb, in *Œuvres complètes*, Société encyclopédique française et Club français du livre, édition de Roger Lewinter, t. V, p. 285.

2. « Certainement, il y a un démon qui travaille au-dedans de ces gens-là [les artistes] et qui leur fait produire de belles choses, sans qu'ils sachent comment ni pourquoi », *Sur la sculpture, Bouchardon, et Caylus*, in *Œuvres complètes*, *loc. cit.*, t. V, p. 296.

la chair qu'il est difficile de rendre ; c'est ce blanc onctueux, égal sans être pâle ni mat ; c'est ce mélange de rouge et de bleu qui transpire imperceptiblement ; c'est le sang, la vie qui font le désespoir du coloriste. Celui qui a acquis *le sentiment de la chair* a fait un grand pas ; le reste n'est rien en comparaison. Mille peintres sont morts sans avoir senti la chair ; mille autres mourront sans l'avoir sentie[1]. »

Texte extraordinaire, où il y va d'un quitte ou double, d'un enjeu crucial et terrible, d'une manière de prédestination annoncée dans le coloris d'un visage de jeune fille : provocation doucement violente. Là où il est question du sang et de la vie, forcément la cruauté n'est pas loin. Diderot, en s'efforçant d'expliquer le mystère, dit qu'il y a des damnés de la peinture et qu'ils sont légions, ceux qui ont cru être peintres, porter et mériter ce nom, ont fait des tableaux qui peut-être leur ont valu des éloges ; et ils n'ont rien entendu à la vie, ils sont passés à côté sans même s'en apercevoir, ils n'ont pas senti la chair… « Ah ! mon ami, quel art que celui de la peinture[2] ! »

Sentir la chair pour la *rendre* – voilà donc ce qui fait (ou ne fait pas) le peintre. C'est cette alchimie à fleur de peau qui est discriminante, le reste n'étant « rien en comparaison ». Si le peintre est, dans la langue grecque, *zoographos*, celui dont l'art singulier le destine à représenter le *vivant* en général (*to zôon*), « tout ce qui se voit dessous le soleil » comme parlera Poussin, encore faut-il qu'il puisse soutenir cette vocation, qu'il ait reçu en don un appareil, un matériel favorisant et quasi traçant d'avance cette entreprise, à la fois métaphysique et ultraphysique. L'obligation représentative a besoin de s'étayer dans la pulsion de figuration qui monte de ce corps de la peinture. En surface, peindre le vivant revient à le mortifier ; c'est le fait de tout graphe, qui inscrit, dépose un vestige de ce qui s'en va. Plus en dessous, le sang, la flamme, l'âme, l'animal, la couleur, la pulsion, les rythmes et les

1. Denis Diderot, *Essai sur la peinture*, in *Œuvres complètes*, *loc. cit.*, t. VI, p. 264. C'est moi qui souligne.
2. *Ibid.*, p. 266.

intensités n'ont de cesse de rappeler que la vie est bien là. Là où gigotent les Figures. Dans la rigueur des mots, il n'y a qu'un médium – et c'est la peinture. Elle est démonique, immédiatement et matériellement médiatrice. Matrice. Ses matières, ses éléments, ses gestes, son appareil physique et spatial, sa synesthésie, son odeur autant que son toucher, son atelier sanieux, tout conspire à la mettre à part, afin qu'elle soit ou montrée du doigt, méprisée ou s'apprête toujours à disputer le *paragone.*

Diderot encore, quand il évoque la chair, est transpercé d'émotion vraie. Le matérialiste n'est pas mécanicien, mais se nourrit d'images frémissantes qui conduisent au-delà ou en deçà de l'apparence, dans une forge de la nature où rien ne se fait en vain (c'est l'axiome de l'*Essai sur la peinture* et son incipit). L'incarnat est le nom d'une sensualité transfigurée, d'une sublimité physique dont l'idéalisme bon teint est la grimace. Toute la peinture est dans la joue d'une fille. Elle y sera encore demain, pourvu qu'elle croise le chemin d'un homme qui a « senti la chair ».

Or, l'incarnat n'est pas incarnation. Dans cette glissade Frenhofer[1] s'est perdu, prenant la peau pour le corps entier. L'incarnation est une sorte d'occupation du corps par le divin qui tout d'un bloc l'investit en s'y effondrant. C'est une opération de relève complète par le moyen paradoxal de l'abaissement. Pendant un laps de temps, deux corps coïncident dans une substitution, un relais durant lequel Fils de l'Homme et Fils de Dieu sont inextricables. Mais l'incarnat en appelle à une autre grâce ; c'est une chance, un bonheur de ce monde, le reflet vivant de la vie dans son innocence : c'est une pâleur colorée, non pas fade mais habitée, visitée par le rouge et le bleu du sang qui frappent à la

1. Le peintre maudit du *Chef-d'œuvre inconnu* est une sorte de patron négatif de la peinture. Balzac y montre à la fois le fantasme et sa vérité. Frenhofer, en confondant son moi et sa toile, en croyant que du tableau une peau de femme naîtra, mélange les principes de plaisir et de réalité, sa propre jouissance et le plaisir de l'Autre (le regard). Le peintre se suicide pour ne pas voir, à la place de la belle, le mur de peinture. Leçon de peinture par plaisir (en un sens malin), leçon de ténèbres pour l'édification des peintres, et d'abord Porbus et Poussin.

peau. Diderot laisse entendre qu'il s'agit d'une pureté qui vient de mélange. De la distillation des couleurs (*colos-color-celare*, cacher) survient la révélation : l'imperceptible en personne, que l'écrivain nomme *modestie* ou *pudeur*.

Cette réserve, cette façon de se retirer tout en relevant le défi de l'apparence, c'est elle qui fait en sorte que la peinture ne soit pas (seulement) un étalage de couleurs, une prise de possession de la surface par un recouvrement quasi sexuel. La pudeur s'abrite dans le secret de la toile, à la lettre dans la subtilité. Un visible de plus fine quintessence se garde dans l'invisible qui se dissimule entre les fibres ; se matérialise, fait corps avec la toile. Mais cette matière réservée est le contraire de la « muraille de peinture » dont parle Balzac, dure et impénétrable. Elle n'atteint et n'attend pas l'œil d'aujourd'hui, mais celui (imaginaire) d'avant-hier, de demain ou d'un de ces jours lointains (symbolique). Il y a une fulgurante vérité dans l'appellation par Duchamp de « retard » pour désigner (dénigrer ?) le tableau. Oui, la peinture est tardive ; elle prend et perd son temps, elle ne le voit pas passer parce qu'elle *fait durer le plaisir (et le déplaisir)*. On a trop longtemps aligné le tableau sur l'espace, au détriment du temps qui s'y love…

Aussi ne m'empresserai-je pas d'acquiescer à la sentence deleuzienne voulant que la peinture, se prévalant soi-disant de la présence pour l'œil seul, soit l'hystérie devenue art[1]. La protestation de présence pleine et entière, c'est plutôt en d'autres espèces d'art contemporain que je l'irai chercher. La peinture, souvent, se tient mal au temps présent, tenaillée qu'elle est par la veine historique que ses surfaces étalent *nolens volens* et, à l'autre extrémité, par des résurgences et des rémanences, non point des remords, mais un potentiel qui n'a pas été joué au poker du temps, qui

1. Gilles Deleuze, *Francis Bacon, Logique de la sensation*, Seuil, 2002, p. 53. « Ce n'est pas une hystérie du peintre, c'est une hystérie de la peinture. Avec la peinture, l'hystérie devient art », précise-t-il. N'est-il pas un peu court d'écrire qu'« en art, et en peinture comme en musique, il ne s'agit pas de reproduire ou d'inventer des formes, mais de capter des forces » ? (p. 57). De quelles forces s'agit-il ?

reste là, tapi, insu, physique mais absent. La présence picturale, loin de se jeter au visage du regardeur et de lui en mettre « plein la vue », vit de ses absences et de ses ombres, de tout ce qu'elle réserve sans nulle ostension ni de dévoiler ni de dérober.

Pour débusquer mon idée d'immémorial, je veux dire d'abord comment je vois la peinture aux prises avec l'histoire et avec la mémoire. Par la représentation (ou le refus déclaré de représenter), elle s'inféode manifestement à l'histoire ; par la figuration, elle appartient corps et âme à la mémoire. À n'entendre que l'histoire, elle signe sa condamnation à mort et la puissance pompeuse qui l'a portée au pinacle la rendrait exsangue et l'étranglerait si elle n'avait l'autre voie, celle de la mémoire, pour s'y réfugier. L'histoire qui installe le « grand art » dans le plus haut paraître et le sertit de discours n'a que déception à offrir quand le temps est passé. La dépression nihiliste suit de l'exaltation symbolique ; le sablier se retourne. Mais il y a la mémoire. Elle est muette, en tout cas ne parle pas une langue articulée, prédicative. Elle a des trous. Et cependant, c'est une sorte de masse souple qui se refait une jeunesse hors des coups portés par la guerre des époques ou, plus superficiellement encore, les batailles de la mode, entité moderniste qui civilise l'agitation, le choc, le spectacle, y loge l'objet fuyant (vide) de nos désirs. Le *tableau* s'aligne sur l'histoire et accumule des problèmes d'espace. La *toile* épouse la mémoire et laisse sourdre la question du temps.

L'orthogonalité cadrée du tableau, sa mobilité l'ont approprié à une modernité que structurent le déplacement, l'échange (d'abord marchand) et un narcissisme spéculaire. Le géométrisme est la solution de cette logique de répercussion où le monde représenté est toujours plus ou moins le reflet, voire le résultat de l'ego. Walter Benjamin voit l'empirique application de cette loi d'orthogonalité dans l'interdépendance de l'architecture et de la peinture. À celle-ci il faut des murs porteurs, point trop d'ouvertures et de larges panneaux disponibles. Or, la vie moderne complique et restreint ou incurve les surfaces et elle asphyxie le tableau. Les musées eux-mêmes sont d'abord des caves immenses et l'envers de l'exposition – de l'exhibition – est le confinement, un coma esthétique *sine die*.

Toutefois, un tableau est aussi une toile. Ne l'entendons pas au pied de la lettre. Le tableau, qui représente une scène ou bien donne à voir, déclare sous une espèce ou une autre un refus délibéré de représenter, est aussi une texture. Que le support soit tressé ou rigide, quelle que soit sa manière de boire, d'absorber ou de rejeter l'ensemencement de pâtes, de pigments et de solvants, j'appelle ici *toile*, moins le textile que le subjectile : la *condition* de la peinture. En ce mot se conjuguent deux lignes signifiantes. L'une se calque sur le conditionnement d'un support, d'une base matérielle ; l'autre débouche dans la sémantique du corps et de sa physique, laquelle, mortelle et désirante, se renverse immédiatement en métaphysique. La condition picturale, comme la nôtre, est « merveilleusement corporelle », pour user de la belle expression de Montaigne. Elle la *rappelle*, elle présente avec elle des analogies qui n'ont rien à voir avec les formes de la représentation. Alberti dit bien que la surface est *tamquam cutis*, comme une peau, et celle-ci s'approfondit par la magie, par la main, par la touche, par le pinceau qui la fertilisent. Nombre de peintres ont relaté à leur façon leur corps à corps avec la peinture, fait de phases fusionnelles et de retraits dans la distance.

Sans doute les peintres se divisent-ils en deux espèces, selon qu'ils cherchent à valider ou au contraire à effacer la touche. C'est donc bien qu'il s'y passe quelque chose, de bienvenu ou de gênant selon le parti pris. Le partage de la peinture entre l'histoire et la mémoire a sa source dans la touche, car celle-ci bâtit la Figure autant qu'elle sape de l'intérieur la tentation de représenter, c'est-à-dire peu ou prou de circonscrire. Elle reconduit l'art à son détail, à sa cuisine rudimentaire. La touche est matière et manière d'un seul tenant ; elle désigne un poser de la couleur de proche en proche, évoquant les entrelacs serpentins d'un derme squameux.

En même temps qu'un infime quantum promu différence (qualité), la touche renvoie au geste et à la tournure. Elle décide d'une allure picturale, de la pondération matérielle ainsi que des distances optiques. Elle reste juge d'instance dans la relation, capitale mais compliquée, entre l'image et la peinture. On se souvient d'un Diderot un peu décontenancé par le « fameux Rembrandt », aussi digne d'éloge que difficile à regarder, car il ne se voit « qu'à une certaine distance »[1]. La conséquence n'est pas directe entre l'œuvre de la main et celle du regard. La picturalité garde une indépendance farouche ; à nous regardeurs de nous accommoder. L'image peinte est potentielle. Si nous pouvons voir la peinture et voir en peinture, c'est justement parce que l'image est en puissance.

La toile, on l'aura compris, se dérobe au tableau comme, dans nombre de scènes représentées, la nymphe se prête au satyre et l'esquive. Chaque époque, sans doute, recouvre et suspend un moment le travail de la figuration. Celui-ci, toutefois, ne cesse pas, il se réserve, distille l'invisible qui est nécessaire pour rendre visible. Mémoire (continue) et histoire (épochale, périodique) s'évitent et s'empruntent les ressources qui les font ensemble subsister. Comme l'écrit Charles Péguy, « la mémoire et l'histoire forment un angle droit », car la seconde est « essentiellement longitudinale » quand la première est « essentiellement verticale » ; la mémoire est perpendiculaire (au lieu de glisser, de *passer au long* comme fait l'histoire, qui inscrit au fur et à mesure, droit devant), la mémoire « s'enfonce et plonge et sonde dans l'événement »[2].

C'est la part de mémoire de la condition picturale, qui est corps et durée, que nos temps peut-être sont en train de découvrir, en sortant de longues années au cours desquelles un discours

1. Denis Diderot, *Essai sur la peinture*, *op. cit.*, p. 276.
2. Charles Péguy, *Clio, dialogue de l'histoire et de l'âme païenne*, *Œuvres en prose 1909-1914*, Bibliothèque de la Pléiade, p. 272.

du tableau s'est employé à le détruire, en tout cas à le perdre de réputation. Or, cette mémoire qui s'enfuit quand l'histoire impose sa terreur et revient lorsque le climat est clément, c'est en vérité un immémorial. Qu'appelons-nous *immémorial* ? N'est-ce pas cela, objet paradoxal reconnu et sans identité, dont la mémoire, justement, s'est perdue ? Simultanément, l'immémorial, parce qu'il exaspère si bien l'ancienneté que l'origine n'est plus assignable, affirme le temps et son contraire. Le temps s'abolit, en quelque sorte, par sa propre abondance. L'énigme de cette mémoire qui ne sait plus se souvenir, c'est qu'elle donne alors au passé infiniment lointain, les couleurs d'une proximité, d'une présence familière. La méditation de l'immémorial suit à cet égard une voie qui s'écarte absolument du leitmotiv de la fuite du temps, indice entre tous de notre précarité. Contre le sentiment de la perte irrémissible de notre substance, de l'évanouissement des êtres s'estompant dans le passé qui les emporte pour en disperser la cendre, l'immémorial inspire confiance et témoigne étrangement d'une solidité à toute épreuve. Solidité, encore une fois, gagée dans une contrariété intrinsèque : non pas monumentale, imposante, autoritaire, mais fragile, délicate, modeste. L'immémorial résiste moins qu'il ne persiste tranquillement. Pour certaines choses essentielles, ce n'est pas une protestation, mais un test discrètement et merveilleusement corporel. La mélancolie des souvenirs dont on agrippe la grume tant bien que mal trouve sa limite et son répondant dans la calme présence de l'immémorial qui, sans élever le ton, en descendant plutôt dans les menues choses et les petits riens, *rappelle* – c'est-à-dire, à la lettre fait venir ici et maintenant – une expérience sur laquelle le temps a passé avec ses vagues successives sans jamais la rejeter dans le passé. L'immémorial a été roulé dans le temps, enveloppé et non pas emporté par lui. La mémoire de la peinture n'est pas faite de vieux souvenirs, elle se confond avec une si haute antiquité que le temps a pris racine en elle.

Les trois essais rassemblés dans ce livre n'ont pas été d'abord pensés et écrits pour illustrer une thèse ou une notion. Cependant, ils témoignent chacun de façon singulière d'une vérité de l'immémorial. Ce que j'appelle chez Rembrandt le *regard immanent* n'a, au premier abord, que bien peu de relation avec l'*animalité* de la peinture, laquelle à son tour paraît bien distante du vœu de *sempiternité* que tant les tableaux que les *logia* de Cézanne prononcent. Ni la pensée ni la peinture ne gagneraient vraisemblablement à la tentation de forcer les choses et d'expliquer coûte que coûte la raison des lointaines ressemblances qui peuvent relier ces trois expériences, ensemble existentielles et esthétiques. Je dirai simplement que les voix de l'immémorial parlent selon plusieurs modes. Quand le sujet est délogé de la représentation, toujours à l'enseigne de « Sa Majesté le Moi »[1], la croûte du tableau se craquelle et la seule force vivante, infiniment menacée, qui surnage dans la tempête (avec laquelle, tout au fond, elle conspire peut-être), c'est l'individu : ineffable, effaré, mais équipé comme le radeau dans les rapides. L'animalité, par ailleurs, ce n'est pas seulement le règne animal (par opposition à l'ordre humain), sa gestique et sa thématique ; c'est surtout le miracle des milliards de fois renouvelé d'une posture particulière, d'un œil où la conscience est engloutie, d'un entretien avorté sur les secrets du monde à jamais prisonniers du poil, de la plume, des griffes et des bruits sourds de la bête en éveil. Il est vrai, enfin, que l'immémorial n'est pas de même race, apparemment, que l'éternité, entendue non comme temps à jamais ôté mais comme consolidation d'un âge. La *sempiternitas*, à laquelle se raccroche Boèce dans ses *Consolations de la philosophie*, n'entend pas dénier la durée pour se jeter dans l'imaginaire absolu, ce Rien-Tout sans bras ni jambes.

1. Sigmund Freud, « Le créateur littéraire et la fantaisie », in *L'inquiétante étrangeté et autres essais*, Folio, p. 42.

L'éternité n'est pas désirable, c'est un rêve de mortel, comme dit bien Baudelaire – un mauvais rêve pierreux, un songe vain. Le sempiternel rejoint la famille de l'immémorial dans son amour de ce qui *dure* toujours, aussi loin que les hommes, leurs armes, leurs outils et leurs images. Quand Rimbaud était de ce monde, Cézanne donnait l'image correspondant à la mer allée avec le soleil. La science, dans le même temps, ne réunissait-elle pas espace et temps en un seul *continuum* ? Trois visions : l'individu, l'animal, l'espace révélé Temps. Encore plus au fond peut-être : les destins du paraître n'ont pas d'autre balance, entre émergence et apparence, que le fléau de l'Âge.

La peinture effarée
Rembrandt et l'autoportrait

L'effarement

IL Y A DES CHOSES RARES ET FORTES, de celles qui font vivre et mourir, qui se découvrent forcément dans la stupéfaction, alors que la sagesse immémoriale d'une humanité millionnaire en années aurait dû censément nous avertir, sinon nous prémunir. Les religions appellent cela *mystère*. L'agnostique parlera d'*inconnu* pour désigner cet archi-connu que chaque existence évente, depuis que sont donnés et l'être et le monde. L'artiste, quand il va au bout de l'étrange office qu'il s'est commandé à lui-même, livre l'étonnement sans mesure, lié à une question pendante – souffrante – qui n'attend pas de réponse ; la tonalité de cette surprise teintée d'effroi scrutant l'insondable, ne sonne que chez les très grands parce qu'elle est pur cristal : celui d'un *regard* que plus rien d'anecdotique ni de particulier n'encombre. J'appelle, dans les pages qui suivent, *regard immanent* un regard qui rapproche les lointains jusqu'à les fondre et qui creuse encore bien en deçà de la réflexion, puisque sont désertés les vieux postes frontaliers du sujet-sujet et du sujet-objet. Le miroir de l'autoportrait, pour Rembrandt, n'est pas le truchement de la division récupérée d'un sujet ; c'est l'abîme où le sujet s'effondre dans le devenir-peinture de l'individu. On est en présence d'une *figuration* étrangère à la représentation.

La stupeur qui, par touches, remonte de cette expérience absolument singulière, s'apparente à l'*effarement*. Cet émoi mérite, autant que l'angoisse, d'être élevé à la dignité métaphysique. C'est à la fois la forme extrême de l'étonnement et son au-delà. Vivre l'étonnement comme un *choc* (*extonatus*, être frappé de la foudre, de stupeur), c'est découvrir une surprise qui n'en est pas (une). L'effarement nomme la révélation de ce qu'on ne savait pas si bien savoir. L'intuition criante du temps, de l'âge – c'est peut-être l'essence de l'effarement : voici qu'on voit de façon extraordinairement lucide ce qu'on n'avait pas vu ou, plus exactement, ce qu'on n'avait pas vu qu'on voyait. Une vraie surprise n'effare pas, elle bouscule, ébranle. On en revient. Ce qui effare, c'est ce qu'on attendait. Ce qui nous attend. L'effarement est un étonnement tapissé d'un écran où s'inscrit le message : « Je savais. » Que reste-il alors à l'expérience ? À vivre ce qu'aucun savoir n'enferme : la démesure individuelle. La mort est normale. La mienne est un scandale. La tienne un choc pour moi. Alors que la science, comme voulait Aristote, se dit et s'exerce du général, l'art, activité hautement problématique (attestée de fait, improbable en droit), s'attache à prendre pied sur le terrain mal assuré de cette démesure. Loin d'accourir en renfort de nos connaissances, il ajoute à notre essentiel trouble en cultivant l'expérience de l'effarement. S'en tirent une éthique et une politique. Il n'y a de révélation qu'intègre et intégrale ; et pourtant foncièrement lacunaire. Elle se reconnaît à ce trait simple, de n'avoir rien à ajouter, puisque tout ce qu'elle sait est à la toise de tout ce qu'elle ignore. Les deux côtés, comme d'une pièce de monnaie, sont dans l'incapacité de se faire réciproquement faux bond ; ils constituent ainsi l'inaptitude à la trahison, qui est la condition nécessaire de l'artiste.

L'autoportrait, chez Rembrandt, porte au plus haut degré la destitution du sujet, même quand il paraît d'abord fanfaronner.

Qu'y a-t-il, qui est là, derrière le visage représenté ? Un être qui, en dépit ou bien à cause des costumes et des rôles à lui prêtés, semble faire peu de cas de son identité et qui se cherche à travers les ruines de l'apparence. En même temps qu'est risqué le sujet (psychologique), sont désactivés les codes de la représentation. Qu'est-ce d'ailleurs que le sujet, sinon la croyance en l'image qu'il nourrit de soi en s'étayant sur le regard d'autrui (ou plutôt l'idée qu'il s'en fait) ? Chez Rembrandt, l'autoportrait est un anti-portrait, si l'on appelle *portrait* la majesté du sujet, c'est-à-dire sa (res)semblance transfigurée. La question qui se fraye un chemin à travers la peinture, maîtresse d'œuvre, n'est pas : Qui suis-je ? Ni : Comment suis-je ? non plus : À quoi est-ce que je ressemble ? Elle est : *Qu'est-ce, être-là ?* être individu, être temps ? être à chaque instant sous la coupe d'une cessation d'être ?

La *peinture effarée* n'est pas d'abord celle qui peint l'effarement, mais celle dont la touche atteste l'ébranlement révélateur, sachant qu'il tourne court pour poindre dans un autre coup de brosse. Elle rend ainsi coup pour coup. Elle touche autant qu'elle est touchée. Il est tentant de dramatiser et d'imaginer une sorte de contrepoint entre stigmates du sort et coups de brosse. C'est une facilité, qui emporte un peu de vérité, mais suscite un *pathos* malvenu. Car il ne s'agit pas de rétablir le sujet après l'avoir humilié. L'art de Rembrandt est scandé, ponctué par ses autoportraits. Ils portent à incandescence la brûlure du regard, à ce point de fusion où la réalité et l'image ne se distinguent plus, où personne ne sait qui regarde qui et quoi, car il ne reste plus, après décantation, qu'un regard définitivement domicilié et (ré)concilié *en peinture*.

Sur un autoportrait de Rembrandt

« Alter ist stufenweises Zurücktreten aus der Erscheinung. »
Goethe[1]

ENTRE 1625 et 1669, l'année de sa mort, Rembrandt a dessiné, gravé ou peint une centaine d'autoportraits. Une telle persévérance à son image est sans équivalent dans l'histoire de la peinture. Songeons qu'à la même époque – 1650 exactement – Chantelou doit arracher à Poussin une toile, conservée au Louvre, qui est plus un portrait de Nicolas Poussin peintre qu'un autoportrait. Rembrandt n'a pas cessé de se regarder ; au cours de la seule année 1629, il s'est représenté six fois.

Le tableau qui m'occupe (sur bois, 49,2 cm x 41 cm) et que je suis allé voir si souvent durant mon séjour dans la capitale autrichienne (1986-1990), se trouve au Kunsthistorisches Museum de Vienne. Il a pu être peint vers 1657, comme le suggère Horst Gerson.

1. « L'âge est retrait degré après degré hors de la phénoménalité », cité par Georg Simmel, *Rembrandt*, 1918, réédition Matthes § Seitz Verlag, Münich, 1985, p. 123.

À l'occasion de ces fréquentes visites, j'ai pris conscience combien regarder la peinture suppose et supporte l'incorporation de conditions. Il existe des domaines où l'acte de comprendre exige une sorte de *tabula rasa*, où l'observation est tributaire d'un nettoyage préliminaire, dépend de l'éloignement de parasites qui amusent la curiosité mais distraient l'entendement. Au contraire, notre regard sur un tableau, dont nous ne pourrions sans absurdité revendiquer l'objectivité, est chargé ; il est situé et incarné. Je tente de dire ici ce qui se trame dans mon regard sur le regard de Rembrandt.

L'homme qui a largement signé, cette fois en haut à gauche, s'est représenté de face et en gros plan. Le tableau livre une impression générale de massivité, si ce n'est de lourdeur. Si l'on considère que la partie supérieure du front, la plus importante, est l'ombre du chapeau, le visage occupe le plein centre du tableau. Les traits en sont épais : nez, pommettes, menton, lèvres même malgré l'effet d'affinement de la mince moustache, encolure surtout, solide à la limite du tronc, s'évasant, s'engraissant par les bajoues. La pâte picturale, striée, rayée, est, ne peut-on se défendre de penser, de mèche avec l'embonpoint de la cinquantaine – ce cap ingrat de l'âge où l'homme mûr sent qu'il a sur lui, en lui, un trop de matière, comme si elle faisait des réserves pour donner, au temps suivant, de quoi démolir à la décrépitude. Ce Rembrandt entre deux âges est *investi* par la chair.

C'est elle qui domine le tableau, impose un ordre qui s'enfonce sous la peau (cette « lèpre de la peau » dont parle Jules Laforgue à propos des « types de Rembrandt »). Cependant, l'exubérance charnelle qui s'est emparée du visage et le traite comme une partie du corps, ne communique pas, en dépit de ses turgescences, un sentiment de bouffissure, d'avilissement. Pas d'enflure morbide : le visage est le siège d'une matière vivante, lourde mais qui se tient bien. L'énergie d'un relief lutte avec succès contre toutes les tentations d'affaissement. Sans doute la forme n'est pas belle, ni régulière ni canonique : on est au plus loin du portrait classique, qui, comme le note Simmel, s'adresse au « spectateur idéal »[1] et, dans l'humain, poursuit une Idée universelle. La trogne bombée et soucieuse du Hollandais est comparable, en *poids de présence* (et aussi par les dimensions), au portrait que Piero della Francesca a exécuté, vers 1474, du duc Federico da Montefeltro, au cours d'un séjour à Urbino. Même sensation d'un puissant *être-là*, que produisent le port du chapeau et l'envergure du cou cerné de tissu clair. Mais Rembrandt crève l'écran, sa face est sans fond et nul accessoire, aucune atmosphère ne l'entourent. Au contraire, Federico est représenté de plein profil, dans la guise du portrait de cour et des médailles à l'antique qui, alors, faisaient fureur ; il domine de sa digne posture un vaste paysage baigné par une lumière diffuse (qui peut faire songer à la peinture flamande). Surgie de nulle part, sans perspective, cette image de Rembrandt par lui-même nous saisit, comme si nous surprenait inopinément une vieille connaissance que nous ne savons plus nommer et qui, soudain, est devant nous, son visage allant bientôt toucher le nôtre dans une manière de bousculade visuelle, toutefois bien vite sidérée. Tout plaide la perspective chez Piero ; elle s'annule dans ce Rembrandt qui, tout particulièrement, efface la différence du proche et du lointain, de l'immobile et du mouvant, dont on se dit qu'ils s'égalisent au creuset du miroir.

Songeons en effet que le peintre a pris le risque de se voir de tout près dans le miroir, lui qui, notait Diderot, s'est rendu « fameux » en instruisant, contre la naturelle imitation, une manière de rendre les choses en peinture fondée sur la distance du regardeur[2].

1. Georg Simmel, *Rembrandt*, *op. cit.*, p. 79.

2. « Mais il est une autre peinture qui n'est pas moins dans la nature, mais qui ne l'imite parfaitement qu'à une certaine distance [...]. Son tableau n'est point un tableau [...]. Il ne faut pourtant pas blâmer ce genre de peinture ; c'est celui du fameux Rembrandt. Ce nom seul en fait suffisamment l'éloge », Denis Diderot, *Essai sur la peinture*, *Œuvres complètes*, Club Français du Livre, 1970, t. VI, p. 276.

Or, un visage scruté de très près, comme à la loupe, perd le bénéfice de l'idéalité ; une foule de petits cratères, de ridules ombreuses, de boutons inquiétants dissipe la forme finale plus vite qu'un fils de famille une fortune. On sent, sous l'éloge, la réticence de Diderot vis-à-vis de cette *autre peinture*. Il y a quelque chose de tératologique et de nyctalope à voir de près, quand c'est d'un visage qu'il s'agit et, plus encore, du sien. J'imagine une sourde transgression, une manière d'interdit qui s'attache à la transparence, au miroir trop clair pour ne pas cacher le vrai fils de la nuit, jumeau parfait de qui s'y réfléchit. Regarder tout près, peindre pour la distance : mesurons, au milieu, tout ce qui se passe et qui fait le scandale intime de Diderot, et peut-être parfois de Fromentin reprochant au « génie bizarre » de Rembrandt, « des épaisseurs qui sont des surcharges, des rugosités que rien ne justifie »[1]. Nous sommes, dans le fait, aux antipodes de l'idéal et de sa comparse rudoyée, la *mimèsis* ; car il n'est plus question de représenter fidèlement en mieux, c'est-à-dire en beau : la *touche*, décidément, est là, l'ennemie du fondu et du lisse, du fini, elle prône à sa façon (triviale) la matière et, surtout, dénote une interruption de contact entre la nature et l'homme : une nature qui a cessé d'être un sein, un homme qui n'est plus une catégorie générique parce que c'est, avec Rembrandt, une pantelante question. L'idéalité a cédé à la catastrophe. Il n'y a plus d'homme admirable, mais un étonnement[2] de l'homme qui, à la lettre, *n'en revient pas*.

Quand Rembrandt se regarde, il rend sur la toile de l'*effarement* ; j'y vois la tonalité de nombre d'autoportraits peints ou gravés, jeunes ou vieux, avec, bien entendu, des degrés d'évidence. L'homme qui s'est cent fois représenté (je ne trancherai pas du compte exact, préférant cette rondeur signifiante, pour autant qu'elle

1. Gérard Dessons, *L'Odeur de la peinture*, L'Aphélie Essais, 1987, p. 70.

2. Je retrouve ici l'esprit de la distinction établie par Descartes entre l'admiration, affaire de l'âme considérant l'extraordinaire, et l'étonnement, provoqué par les « esprits animaux » et traduisant plus un désordre du corps qu'une motion de l'âme.

ne maltraite sûrement pas de beaucoup les chiffres des historiens) ne pouvait pas partir d'un savoir, c'est-à-dire d'une connivence, d'une ressemblance quasi *a priori* avec soi. Il avait à se découvrir à chaque coup, chacun imprévu ; vivant donc souffrant, interrogeant l'image jumelle, vérace et caduque, s'évertuant à capter pour le montrer ce que Georg Simmel appelle « *die Übermomentaneität des Lebens* »[1], cet au-delà du moment dans le moment même, cette « transmomentanéité », dirait-on, que postule, au-dessus de la multiplicité de ses instants, l'unicité d'une vie confiée à sa propre charge, exposée à la rencontre ou à l'accident.

La touche de Rembrandt est accueillante à la cause matérielle et se défie de la forme. Pourquoi ? Parce que celle-ci, tout à l'espace, méconnaît le temps, c'est-à-dire le destin intime peu reluisant des individus. En cassant le jeu trop bien réglé de l'imitation haussée par l'Idée, Rembrandt, d'ailleurs dessinateur et graveur quand il veut s'exprimer sur un autre clavier, ne s'affirme pas un coloriste « comme les Vénitiens ou Vermeer », mais « le lyrique souverain de quelques couleurs orchestrées et délivrées du réel par le brun de l'ombre »[2]. Cette déclaration de Malraux se vérifie, je crois, dans notre autoportrait, orchestré en effet, fondu donc mais à coups d'apports et de retraits de pâte également discrets, sous la grande ombre du chapeau, dans les tons d'ocre bistré, d'un brun filigrané de lueurs lointainement violines et d'un cuivre rougeoyant comme un soir au moment de s'éteindre. En d'autres termes, la couleur n'attire pas l'attention comme lieu de jouissance ; elle est dominée par un ton d'ensemble, pareil à une *voix*, qui ouvre cette peinture effarée sur une transcendance sans nom[3]. Rembrandt n'est pas un mystique ; ce n'est pas non plus

1. Georg Simmel, *Rembrandt*, *op. cit.*, p. 11.
2. André Malraux, *L'Irréel*, Gallimard, 1974, p. 282.
3. Paul Claudel ne savait probablement pas, en choisissant *L'Œil écoute* pour son titre, que le poète Joost van der Vondel avait, à sa manière, entre les versions dessin puis peinture du portrait du pasteur Cornelis Claesz Anslo et la version peinture, interposé le défi : « Rembrandt devrait peindre la voix de Cornelis. Son aspect extérieur est ce qui le représente le

un réaliste, ni un lyrique omnipotent comme Rubens, dont le mode héroïque est la grande ode[1]. Aussi éloigné d'un sacré appuyé que du trivial, ce que Rembrandt maîtrise c'est l'individuel pétri de temps, dont l'unicité précaire annonce l'implacable disparition. De là l'apparent paradoxe de cette matérialité, moins sublimée que transie ; plus proche, à tout prendre, de la sidération que d'on ne sait quelle transfiguration.

Aussi, l'impression de massivité qui frappe d'abord est-elle contrebattue, sans jamais s'effacer, par une *tension*. Elle ne vient pas du seul regard, sauf à admettre, comme je propose, que ce regard est aussi présent dans la chute des épaules, les commissures des lèvres ou les ravinements du front que dans les yeux. Loin d'être inerte, la masse est tenue par le nœud de trois ellipses : l'ovale du chapeau, celui du visage, enfin le buste, plus irrégulier, qui se peut décomposer en deux parties : le manteau qui descend vers le bord inférieur du tableau, la chemise qui monte en se fermant autour du cou. Ces figures se coupent à peu près sur la ligne des lèvres ; si, de surcroît, on trace les diagonales du rectangle, on s'aperçoit qu'elles se croisent à la commissure gauche de la bouche, d'ailleurs nettement marquée, alors que celle de droite est dans l'ombre. À mon sens, on a moins affaire à une composition, plus ou moins délibérée, qu'à une structure incoercible ; il s'agit d'un *nœud.* Trois Figures se coulent les unes dans les autres pour nouer l'individu à soi : la chair, le temps et la mort. Mais ce n'est rien moins qu'une symbolique. Libre à chacun, en effet, de nommer comme il veut ces personnages ovoïdes : reste cette aura de

moins, et ce qui n'est pas visible ne peut être connu que par l'ouïe : qui veut voir Anslo doit l'écouter ». Cité par Pascal Bonafoux, *Rembrandt, le clair, l'obscur*, Gallimard, 1990, p. 67. Du même, *Rembrandt, autoportrait*, Albert Skira, Genève, 1985. Voir aussi Horst Gerson, *Rembrandt et son œuvre*, Hachette, 1968, p. 90. La toile (176 cm x 210 cm) représentant *Le ministre mennonite Cornelis Claez Anslo conversant avec une femme* (1641) est conservée à la Gemäldegalerie de Berlin-Dahlem. Le petit dessin du Louvre (1640) élide l'interlocutrice et a peut-être plus de force suggestive.

1. Eugène Fromentin, *Rubens et Rembrandt – Les Maîtres d'autrefois* (1876), Éditions Complexe, 1991, p. 87.

destin qu'induit la parfaite suffisante des ingrédients liés entre eux. Rembrandt observe avec une attention plissée le mystère sans au-delà de son identité piégée, triplement inscrite. Cette « présence du destin », qui sonne comme « une oraison déchirée » ou comme « une foi funèbre »[1], se place pour ainsi dire en marge de l'espoir et du désespoir et n'ose pas trop vérifier son résidu de croyance en quelque immortalité ; elle abandonne sous nos yeux le mode épique du « face-à-face »[2] : l'adversaire annihilateur ne vient pas d'outre-soi, comme chez Michel-Ange ; ce n'est même plus un adversaire. Le destin n'est plus une puissance étrangère incommensurable, ange, démon ou dieu, mais la vie elle-même en tant qu'elle se contente de suivre son cours.

Ce n'est sans doute pas à ce tableau – d'ailleurs à ma connaissance bien peu commenté, alors qu'il plante si manifestement sa détresse bonasse au mitan de la vie et de l'art de Rembrandt – que pensait particulièrement Claudel, quand il comparait les chapeaux qui « ventilent toute la peinture hollandaise » à de « noirs oiseaux »[3]. Et Claudel commentait : « C'est l'ombre que nous produisons, la permanence au-dessus de notre front de notre opacité intime. » L'oiseau ici règne ; le noir est chef. J'hésite à plonger la mort au fond du chapeau, comme j'atermoie de dédier le buste au temps, tandis que la face appartiendrait à la chair. Je crains de ne pas suffisamment prémunir d'une méprise : gare au symbolisme substantiel ! Mais j'en ai, par un autre côté, trop dit pour m'arrêter en route. Oui, le chapeau est couronne de mort et la face est chair ; et l'homme qui signale qu'il est là, présent, l'est par son corps, par la forte assise que nous voyons (cette poitrine, cette chemise, ce manteau) attestant que, sous ce jour fait d'ombre[4] comme tous les autres, l'existence n'est rien que temps.

1. André Malraux, *L'Irréel*, *op. cit.*, respectivement p. 261, p. 279 et p. 263 (dans l'ordre).
2. Georg Simmel, *Rembrandt*, *op. cit.*, p. 131.
3. Paul Claudel, *L'Œil écoute* (1946), Gallimard Folio/Essais, en note, p. 32.
4. Eugène Fromentin, *Rubens et Rembrandt – Les Maîtres d'autrefois*. « Il suffisait de se rappeler que jamais Rembrandt n'a traité la lumière autrement, que l'obscurité nocturne est son

Ici, Rembrandt n'est rien – rien qu'individu. Autant dire que je m'attache, exactement par ce nœud, au tableau. J'aime pourtant toute la route et les marches du peintre, sa ronde de jour et de nuit, elle commence prospère et païenne avant d'amorcer un déclin qui se connaît sensiblement, sans heurt, et néglige par là de prendre la vie en grippe.

Triomphe d'abord. Étonné, épatant, multiple. Tout réussit. La chair est chance et Saskia est peinte et la réputation suit et demande. Plein soleil du monde. Gloire mordorée de la fin (qu'on a peut-être trop jaunie au citron d'une amertume distillée goutte à goutte) : une, intime, réservée ; car si le triomphe éclate, la gloire règne. Le premier se diffracte en nombreux échos, la deuxième se réunit de n'entendre plus que le son dominant. Deux univers à chaque bout ; le vaste monde, ivre de virtualités et l'atelier profond, fermé sur sa réalité. L'autoportrait de Vienne se place au milieu de la course qui va s'alentissant. Je sais ce qui m'y retient : l'absence de particularités narratives ou d'insistances symboliques. Dans le vide d'un démonisme du neutre (ni ceci, ni cela), où seul demeure l'ineffable essentiel, Rembrandt n'a sans doute jamais été plus grand qu'en cette moyenne-là qui a, par rapport à une logique d'apparences et d'effets, tout contre elle. Les jeunes font les intéressants, les vieux intéressent ; les hommes du mitan ont du mal à passer la rampe, peinent à séduire les imaginations. Dans cette heure entre chien et loup, le pittoresque ne s'agrippe pas. C'est le moment où tout est dur, ingrat, voulu au fond sans guère d'espoir d'être cru en surface. Le plus patent de tous les portraits de soi n'illustre rien, est bouche de silence, vaguement pincée. Je pénètre par cette porte dans la peinture de Rembrandt.

habitude, que l'ombre est la forme ordinaire de sa poétique, son moyen d'expression dramatique usuel, et que, dans ses portraits, dans ses intérieurs, dans ses légendes, dans ses anecdotes, dans ses paysages, dans ses eaux-fortes comme dans sa peinture, communément c'est avec la nuit qu'il a fait du jour », *op. cit.*, p. 275.

Mais se faire face ainsi, en ses siens habits, sans alibi de rôle, de posture, d'attitude, n'est-ce pas le comble du narcissisme ? Le sujet Rembrandt n'est-il pas moins visible caché en Saül, en Simon de Cyrène, en porte-drapeau rodomont, en chasseur, plus tard en saint Paul ou en Zeuxis, et même en peintre[1] ? Ne confondons pas simplement deux manières de disparaître : la première au comble du paraître, la seconde par assimilation essentielle. Rembrandt, un verre à la main, Saskia sur les genoux, joue le *Fils prodigue à l'auberge* et trouve manifestement que le rôle lui sied, qui interprète une volupté dont il fait son pain quotidien : n'est-il pas fêté, flatté, caressé ? Bien plus tard, il n'aura pas à jouer ni l'apôtre Paul ni la légende Zeuxis à la peinture disparue : il est Paul et il est, qui « meurt de rire », le peintre grec se moquant des apparences où il fut virtuose. Égal à lui-même, mais subissant la loi de l'âge, Rembrandt attaque le monde, c'est-à-dire le paraître, par deux côtés successivement. Vers 1635, il lui semble « à point » et comme un mets qui attire tous les sens à la fois. Quand un homme dans sa force a la femme, l'argent, le prestige, que pourrait-il désirer de plus ? Le peintre porte le paraître à incandescence charnelle : rougeur pudique d'une braise juste déshabillée de ses feux. La prodigalité qui se poétise à l'auberge, c'est-à-dire sans doute au bordel[2], se dépense

1. Un autre portrait du Kunsthistorisches Museum (1652) de Vienne nous montre le peintre en pied (sur toile, 112 cm x 81,5 cm) : vêtu d'une blouse, les mains solidement sur les hanches, il dégage un sentiment d'assurance et de compétence austère. Ce rapport droit à la peinture contraste avec l'ostentation de modestie du *Peintre dans l'atelier* (vers 1628, huile sur bois, 25 cm x 32 cm, Boston, Museum of Fine Arts), qui témoigne de « la lutte entre la toile immense et le peintre minuscule » (Victor Stoichita, *L'Instauration du tableau*, Méridiens Klincksieck, 1993, p 257-258) et avec l'humilité rentrée de l'autoportrait de Londres de 1660 (Kenwood House), où le vieil homme enturbanné de blanc, dans son élément et son appareil (la peinture) paraît comme le servant disponible d'un art plus haut. C'est une autre modalité du rapport à l'art que documente le magnifique tableau de New York (1658) : le maître assis, trônant sans forfanterie, ventre barré de rouge, doré comme une armoire ancienne, tient doucement une canne-sceptre, poursuivant le songe attentif – ses yeux l'attestent – où il a excellé dans les limites de ses forces et de la simple humanité.

2. Qu'il s'agisse crûment de libido et de son cortège apparent ne fait pas de doute quand on songe aux *personæ* féminines qui peuplent l'œuvre : Suzanne, Antiope, Danaé – le plus érotique des tableaux –, la femme de Putiphar. Saskia est le modèle de Flore, divinité romaine tardive, sous la protection de qui s'étaient mises les putains.

chez le vrai Rembrandt en achats d'œuvres d'art. Le filtre est déjà là et la riche exigeante sensualité se délivre dans la peinture[1]. L'artiste a vu et traversé tout ce qu'on peut voir, le manifeste, le déclaré du monde. Or, après avoir dévoré un tel spectacle (que d'Orient, de damassures, de velours, de plumes, de brocarts !), il va, parvenu sur l'autre versant des choses, le ronger par en dessous. Il peint, jeune, Samson qu'aveuglent les Philistins et, quelques années avant sa mort, Homère dictant à un scribe[2]. Il fallait que le premier œil, de jouissance et de puissance – orgueil ! – fût crevé pour que l'autre, de poésie et de vision, s'éveillât et prît le relais. Le monde du premier Rembrandt est attrait, celui du dernier n'est que secret. Après s'être travesti, reconnu et installé joyeusement en presque toutes les figures de l'homme (distinguées, vulgaires, rigolardes, pauvres ou riches, etc.), avant de se fondre nuitamment dans un *individu* qui concentre toutes les vies et dont le nom seul change, le Rembrandt médian dépouille la particularité. Alors est-il narcissique, complaisant à son image ?

Demandons à ses yeux. Y voit-on trace de jouissance à soi ? Est-ce lui-même qu'il scrute ? Mais qui est donc cet homme que la jeunesse a fui et qui ne porte pas encore les stigmates de la vieillesse ? D'un côté, la chair le tient en otage, de l'autre il s'échappe, il ne coïncide pas avec son aspect. Et ce que disent d'abord les yeux, c'est cet étonnement qu'un être *en suspens* puisse être d'ailleurs si *plombé*. J'ai noté plus haut l'enroulement des ellipses, qui meut infiniment tant de massivité. On aurait tort, je crois, d'invoquer le dualisme de l'âme et du corps, parfaitement étranger à Rembrandt pour qui la chair, l'amour (*éros*) comme la pitié (*agapè*), la violence du désir et la tendresse illimitée sont des

1. Élie Faure rassemble pertinemment le ressort de Rembrandt quand il rapproche « sa générosité sensuelle, sa puissante pitié » de son « amoralisme supérieur ». *Histoire de l'art – L'art moderne*, I, Folio-Essais, p. 113.

2. En dépit d'un lexique contestable (« *Subjektivismus* »), Simmel comprend le sens du retournement : « Le subjectivisme de la jeunesse a le moi comme *contenu* dominant, celui de l'âge l'a comme *forme* dominante », *Rembrandt, op. cit.*, p. 123. Je traduis et je souligne.

données premières et totales. Il n'y a pas de gnosticisme, pas de sublimation ni d'ascension. L'âme ne transcende donc pas le corps et si l'homme qui se regarde paraît se souvenir, ce n'est pas d'une patrie céleste dont la part incorruptible de lui-même aurait mémoire. Les deux chairs, la *cupiditas* et la *caritas* se connaissent bien, de toujours, et aucune n'a besoin d'apprendre comment remplacer l'autre au pied levé. Ces sœurs contraires sont jumelles en incarnation.

Je ramène alors mon intuition du nœud. Les yeux disent ce nœud qui dépasse l'homme, dont celui-ci ne revient pas. Ce n'est pas l'œuvre d'un mystère qui se réserve en l'au-delà, mais le fait, gravement contingent, de l'énigme qui attache par un lien incompréhensible et puissant. L'image du nœud signifie que la boucle ne cesse jamais d'être bouclée. La *prima hora* de Sénèque et de Montaigne[1], qui donne la vie (*dedit*) en la prenant (*carpsit*), généreusement tueuse – telle est cette boucle que la philosophie moderne appellera *finitude* (*Endlichkeit*). L'être individuel est exposé à la Rencontre, abandonné seul sur le front du monde, déposé sans avis sur les marches de l'existence, qui n'a d'autre choix que faire accueil à son cri pour en faire un jour un parler.

Il y a, très profondément chez Rembrandt, ce sentiment des choses finies, mais j'avoue que je n'y peux voir le « triste hôpital » dont parle Baudelaire dans ses *Phares*. J'y trouve plutôt un consentement à la rotondité de l'existence. Le principe de l'amour, pour lui, qu'il soit libidinal ou fraternel, sort de la détection d'une précarité et d'une *vulnérabilité* constitutives, dont sont empreints autant les êtres que nous élisons comme proies amoureuses (dont Danaé et Bethsabée sont les emblèmes) que ceux qui partagent le sort commun, sont nos *consortes*. Chacun est lié à soi d'un triple

1. Montaigne, *Essais*, Livre I, chapitre XX. « Le premier jour de vostre naissance vous achemine à mourir comme à vivre [...]. Tout ce que vous vivez, vous le desrobez à la vie ; c'est à ses despens. Le continuel ouvrage de vostre vie c'est bastir la mort. Vous estes en la mort pendant que vous estes en vie », Gallimard, Bibliothèque de la Pléiade, p. 118.

bouclage : temporel, charnel, mortel. Par là aussi il est frère des autres, parce que la fragilité est à la fois l'essence de l'individuel et la chance hasardée, autrement dit la grâce de l'amour. L'inoubliable visage de Vienne trahit un désir qui se renonce et cherche l'autre sagesse d'amour selon la chair. Sujet particulier s'humiliant sans démonstration, s'oubliant doucement et se destituant pour laisser toute la place à l'individu ; celui-ci n'est plus en représentation, il est déchargé des obligations psychologiques qu'il croyait devoir à son moi et au rôle social. Du coup, cet être plus singulier que jamais, unique, indivisible et simple – c'est lui, Rembrandt, mais aussi n'importe qui, vous, moi.

Dans ce prélude à la vieillesse se jouant sur une « palette restreinte »[1], chaque note écoute et répond. Ainsi, à la griffe d'ombre qui cercle le front et paraît le plisser, fait écho le fin galon blanc dessinant le cou ; ainsi encore, de la rime de cuivre cendré qui apparente une partie des cheveux, à gauche, à l'encolure droite du manteau. Rembrandt se représente moins lui-même que l'individu qu'il se trouve être, le regardé et le regardant chacun étonnés de l'autre qui est même et encore autre chose menant au-delà ou en deçà de l'un et du multiple. Contemplation, ou plutôt spéculation exempte de narcissisme, complaisant ou chagrin, qui saisit l'image obscurément vibrante dans son tremblement de proche et de lointain. Quand on a à l'esprit les coups qui ont frappé l'homme et le peintre dans ces années, où le mauvais sort, après le cruel effet d'annonce de 1642 (mort de Saskia et mort de cette moitié de Rembrandt qui, après l'« étincelante renommée »[2] de *La Ronde de nuit*, pensait correspondre au goût de tout futur capitaine Cocq), durcit son attaque, s'en prenant à ses mœurs (par Hendrickje, citée pour concubinage), à ses biens vendus aux enchères, à sa clientèle qui fond (même si la gloire est intacte) ;

1. Claude Roy, *L'Amour de la peinture*, Rembrandt, Folio-Essais, p. 17.
2. L'expression est d'Eugène Fromentin, qui juge avec sévérité *la* toile mondialement célébrée (sous ce titre), *op. cit.*, p. 264.

quand on sait, dis-je, qu'en ce milieu des années cinquante Rembrandt a supporté toutes les épreuves ensemble, comment imaginer que le regard de Vienne pourrait ne pas réverbérer quelque chose de cette *atteinte* ? Pourtant, la peinture va bien au-delà de l'aveu pathétique ou de la confession d'artiste ; elle ne se répand pas en signes embellis de douleur ; si elle témoigne, désormais, ce n'est pas de ce qui s'est passé, mais plutôt du pur passer du temps. Dans cet art de retraite et de concentration, pas une once de rhétorique ; pas trace d'hystérie. Aussi, n'attendons pas une « vanité », autrement dit une ostentation protestataire de néant. Plus l'homme est défait, plus le peintre recule son ambition. Après l'avoir magnifié, ce n'est pas qu'il songe à décrier le paraître du monde comme il va ; simplement, il ne peut faire qu'il ne le perce à jour et traverse l'apparence. Rembrandt ne tourne pas autour des phénomènes y jetant des torches d'humeurs changeantes. Il interroge et travaille le phénomène lui-même, en tant que vient à y paraître – et donc nécessairement y disparaît – l'individuel. Je ne prétends pas, bien sûr, que Rembrandt fait de la métaphysique dans les marges de son art ; mais que, comme Shakespeare, avec qui on l'a non sans raison comparé, il ne conçoit pas un tragique des dieux moquant de son surplomb la frêle humanité, mais un *tragique du phénomène* dans la multiplicité de ses degrés (perception, imagination, hallucination, fantasme, illusion etc.) : non plus l'affrontement inégal, d'ailleurs hautement imaginaire, du temps et de l'éternité, mais, le temps d'un paraître en *une* vie, la gémellité substituable de la réalité et du rêve. Et sans doute l'individu n'est-il jamais si pleinement réel qu'en apercevant qu'il pourrait bien être son propre songe. Alors l'image est déjouée dans son inspiration narcissique, le spéculaire prend valeur de large spéculation au-delà des mots. Le regard de Rembrandt dans le tableau de Vienne, c'est, indifféremment, la réalité qui prend la mesure de son rêve ou celui-ci qui présente tous les titres d'existence. L'effet du miroir n'est ici ni de dédoubler ni de réfléchir ; c'est de capturer l'apparence par une tenaille, de telle sorte qu'on ne sache plus si c'est l'homme vivant qui dort debout ou la peinture qui s'éveille d'un songe.

Toute la peinture conspire à ce regard renversé, qui n'a de vis-à-vis (d'au-delà) que lui-même. Rembrandt ne se regarde pas, être particulier qui aurait le caractère – aussi inimitable que répandu – d'être un « soi-même », c'est-à-dire une singularité dont il conviendrait de faire ressortir la supposée différence ; non plus que ne nous regarde, nous spectateurs, le Rembrandt peint. Ce regard sans sujet, aussi perçant qu'humainement rassembleur, je l'appelle *regard immanent* : tout entier immergé dans la peinture, intéressé à son ouvrage ambigu de gloire et de sape du paraître. Est-il besoin d'ajouter que, dans cette œuvre pétrie de temps, qui ne date pas et ne semble pas avoir d'histoire, les lieux communs du « réalisme » et de l'« illusionnisme » sont abandonnés loin en arrière ?

Que veut dire à la fin ce regarde chiasme, rêvant le réel, réalisant un rêve ? La même chose que le nœud des ellipses : qu'il n'y a rien à chercher au-delà, ailleurs, que *tout est là* : que la chair ne va pas sans le corps, la vie sans obligation de mort, l'être sans option de temps, la parole sensée sans l'exemple magistral du silence. Cette peinture sans espoir n'est pas triste parce qu'elle se comble de peindre ce qui, de toujours, s'est suffi : réalité puissance deux, sagesse de l'apparence.

Lorsque le temps s'arrête, la chair devient corps (avant décomposition). Est corps ce qui représente un cadavre actuel ou virtuel. Dans les deux *Leçons d'anatomie*, Rembrandt a peint le corps comme tel. Le docteur, comme on sait, le montre moins à ses étudiants et au public qu'il ne le compare à un texte *a priori*, qu'on doit entendre pour vérifier que l'anatomie ne se trompe pas ! Le corps, à la fin des fins, c'est ce qui va avec un discours, ce dont on peut parler. Il a un symétrique verbal. À l'opposé, *Le bœuf écorché* est ineffable aveu de chair. Au risque de choquer : le bœuf, c'est Rembrandt, aussi vrai que Madame Bovary est Gustave Flaubert. La chair contient la vie et la mort, la morsure du désir aussi bien que cette basse continue qu'est la tendresse. Qu'on la mange (y compris des yeux, comme les lubriques vieillards font avec Suzanne), la caresse (toutes les Hendrickje, Bethsabée anxieuse et voluptueusement annelée ou humble concubine trempant ses jambes dans l'eau, en attendant peut-être un nom d'histoire...), l'engraisse, la supporte pour le plaisir ou dans la souffrance. Le corps a mis la mort à la porte : il est désigné par elle, du dehors. Deux abstractions : la mort, le cadavre. Dans le corps, la mort explique la vie ; elle parle éloquemment, comme un docteur à chapeau lecteur de Galien. Quand on prend l'être par la chair, en plein temps, en pleine débauche d'individualité (splendide ou misérable, n'importe), la mort alors est *contenue*. La vie est ce qui meurt, un peu plus tard, le moment d'après ou au bout du moment, après que le rêve se sera réalisé, qu'un individu, d'avoir par rencontre pris corps, s'y sera condamné.

« Vers la fin de sa vie, Rembrandt devint bon », écrit Jean Genet[21]. Tel serait son secret. Ce regard d'homme d'âge, humble et crâne au milieu d'une chair qui n'en a plus pour longtemps de se tenir toute seule avant le dernier maquillage blanc (le turban succédant à l'oiseau noir), respire en effet la bonté. Ou la piété, la *Frömmigkeit*, comme avec et après Goethe, l'entend Simmel. Non pas une dévotion, une révérence un peu craintive pour ce qui nous excède, mais l'assentiment tranquillisé au vertige individuel calmé – sorte de remerciement au plus nu des « avoir été ». Une résignation sans acidité qui finirait par se confondre avec la gratitude. Et, tout de même, avec un salut fugace au temps qui s'en va et loin du rusé panthéisme, le sentiment d'un ordre – et qu'il est *bon* puisque des contrariétés qu'il amasse il fait sortir le plus vivant, le plus aimant.

1. Jean Genet, *Œuvres complètes*, t. 5, *Le Secret de Rembrandt*, Gallimard, p. 36.

Une *bonté négative* en somme, humaine donc et parfois brouillonne, comprenant à sa manière l'inconnu et qui, plutôt que de démontrer par œuvres sa charité, poursuivrait au bout sa passion de chair, au-delà du beau d'immédiat attrait et jusque dans le gâchis des dernières apparences. Regardant encore ce portrait de Vienne, je pense aux vers du poète autrichien, Rainer Maria Rilke :

> « *Aber dies : den Tod,*
> *den ganzen Tod, noch vor dem Leben so*
> *sanft zu enthalten und nicht bös zu sein,*
> *ist unbeschreiblich*[1]. »

1. Rainer Maria Rilke, *Quatrième Élégie de Duino*. « Mais ceci : contenir la mort – toute la mort, si doucement, dès *avant* vivre, et n'être pas méchant – c'est indescriptible », (je traduis).

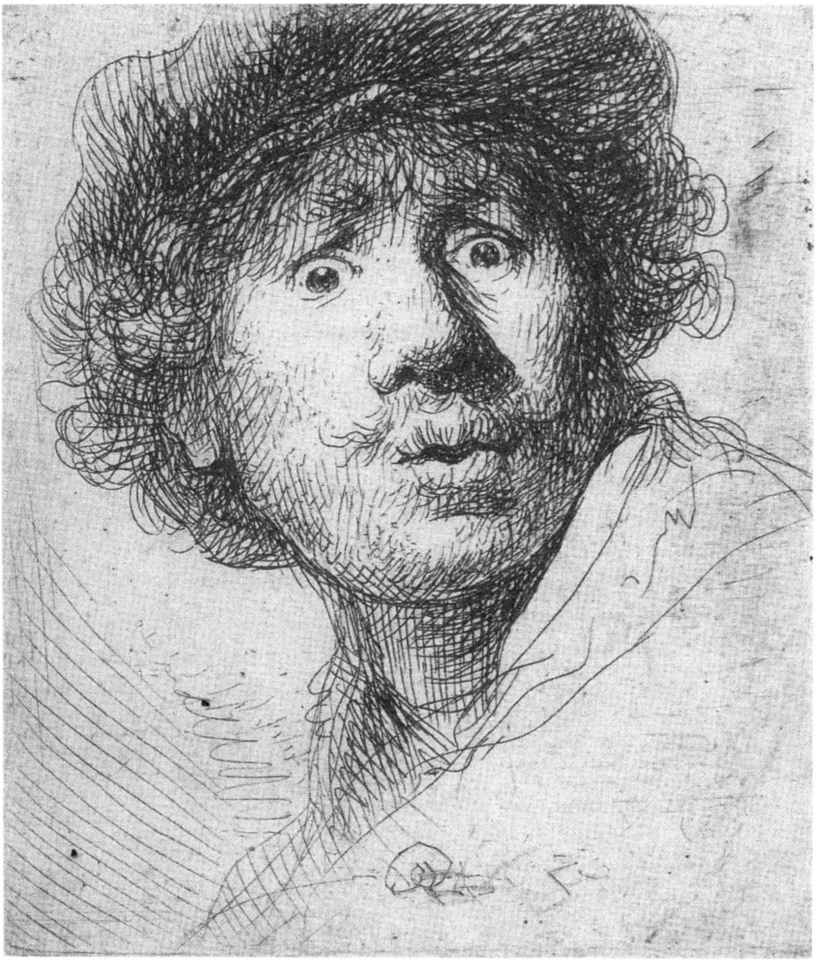

Rembrandt, *Autoportrait aux yeux hagards* (1630).
Eau-forte, 4,1 x 4,1 cm, Musée Alexis Forel, Morges (Suisse).

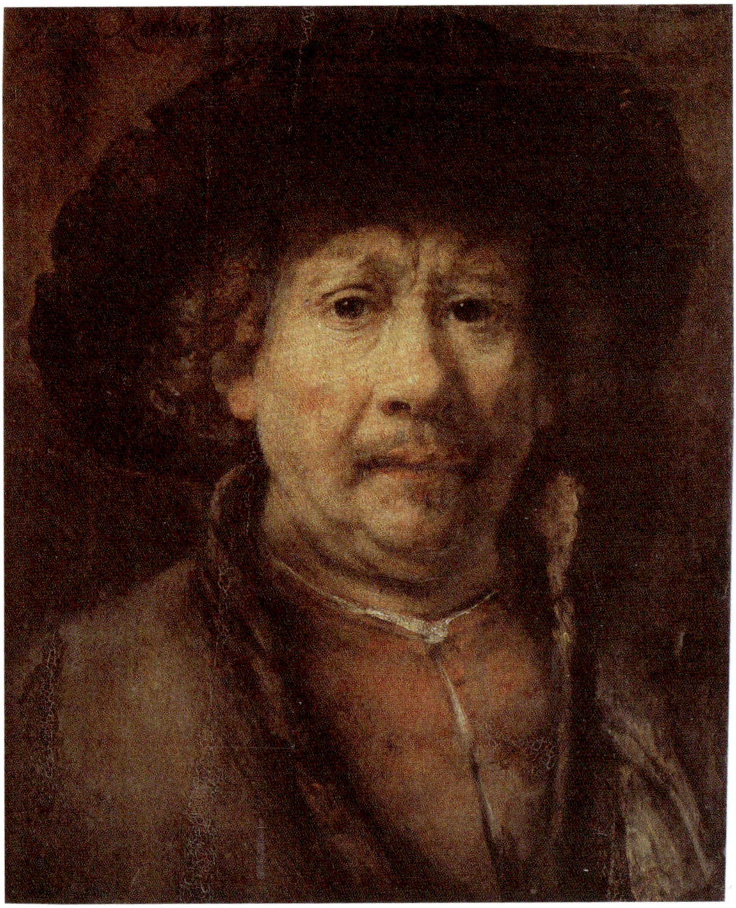

Rembrandt, *Autoportrait* (1657).
Huile sur bois, 49,2 x 41 cm, Kunsthistorisches Museum, Vienne (Autriche).

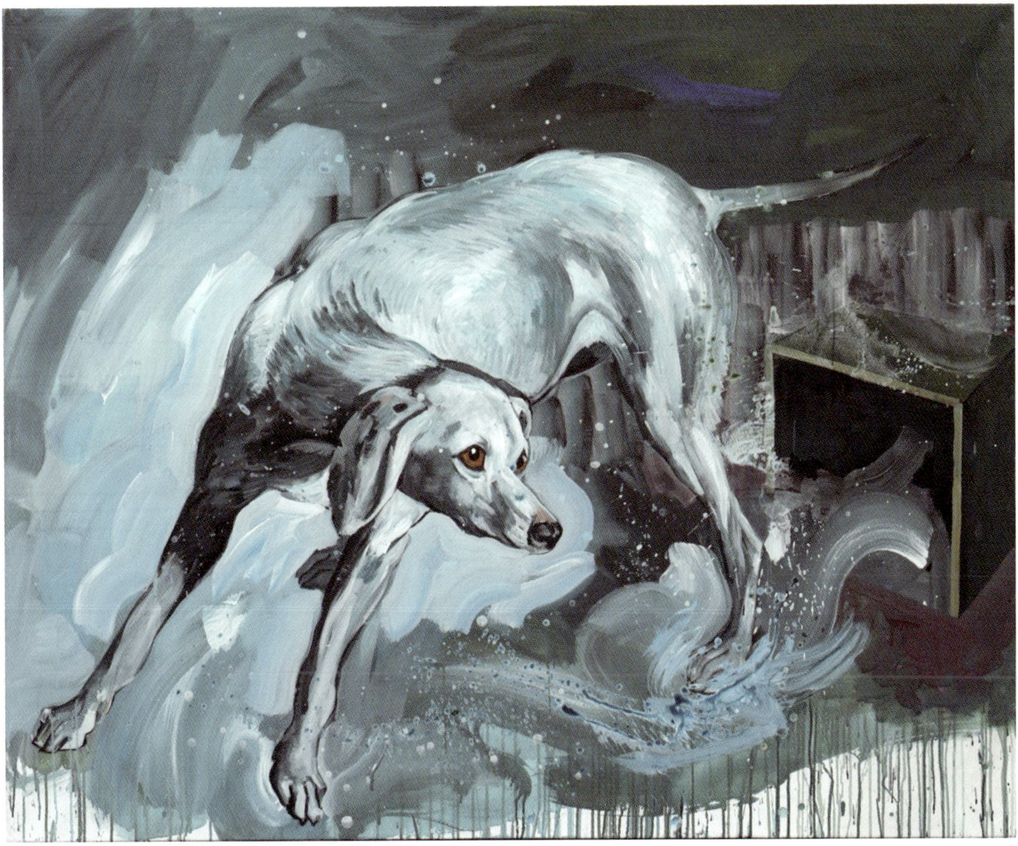

Patrick Moquet, *Cabotinage 1.*
2013, acrylique sur toile, 130 x 162 cm

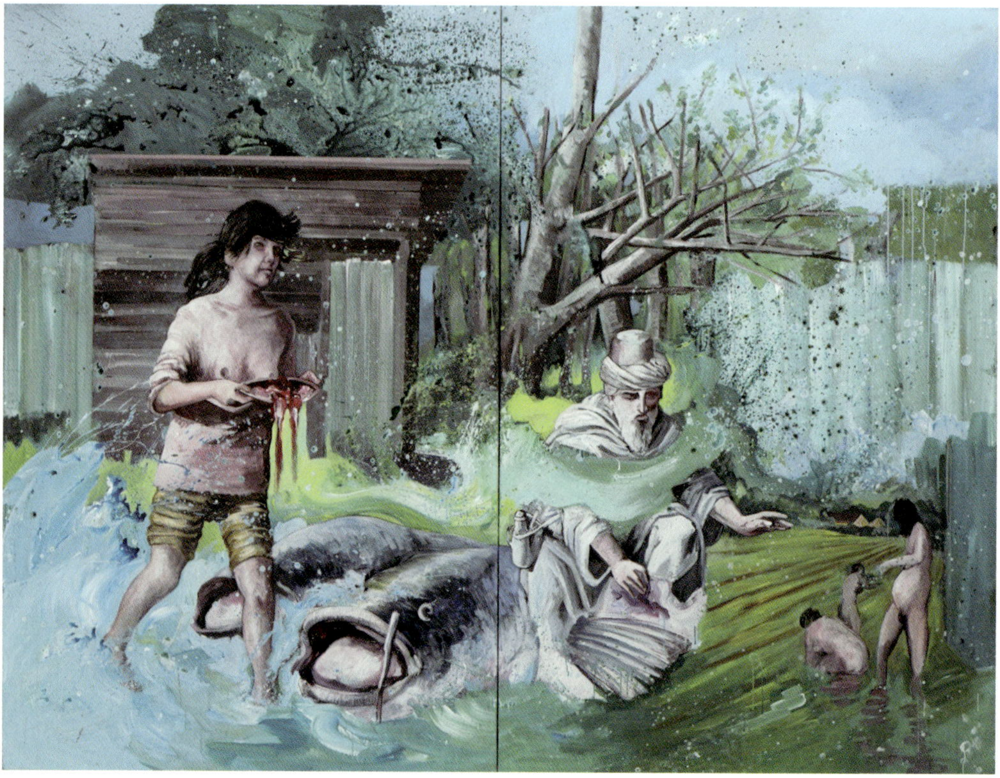

Patrick Moquet, *Que sont les intestins d'Érasme devenus ?*
2012, acrylique sur toile, 195 x 260 cm.

L'individu est ineffable

J'AIMERAIS PROPOSER quelques réflexions à propos des autoportraits de Rembrandt, ayant spécialement en vue huit à dix œuvres picturales choisies parmi la petite centaine d'autoportraits que l'artiste a dessinés, gravés ou peints durant plus de quarante ans. Pour ne pas encourir le reproche de schématisme, la nécessaire brièveté de cette note suppose que j'en marque d'entrée les attendus et les limites. Je ne suis pas historien de l'art, ni spécialiste de Rembrandt. La perspective, toutefois, que je souhaite ouvrir, ne traite pas ce peintre comme un moyen pour faire valoir des idées générales. Autrement dit, Rembrandt n'est pas un exemple (parmi d'autres) ; il est bien au cœur d'un propos qui s'apprête à articuler quelques thèses touchant le regard, la peinture et, au-delà, l'art lui-même. Pour condenser : c'est la singularité de Rembrandt dans la peinture qui se trouve au carrefour des considérations hybrides qui vont suivre. J'ajoute qu'en se peignant lui-même obstinément, comme aucun autre artiste ne l'a fait, Rembrandt est allé du même mouvement au cœur de son art.

À la fin de *L'Irréel*[1] Malraux souligne que Rembrandt est « le premier peintre maudit » ; il veut dire qu'il est le premier, de grand lignage, à se trouver existentiellement isolé par les conséquences de l'autonomie de la peinture. Ce point de vue, je m'empresse de le préciser, est on ne peut plus compatible avec les analyses de Svetlana Alpers montrant comment Rembrandt, rejetant le système clos du mécénat traditionnel, « s'efforça au contraire de trouver une place pour la peinture dans le cadre des mécanismes du marché capitaliste alors en plein développement »[2]. Sans y voir une relation mécanique de cause à effet, il n'est pas indifférent de remarquer la concomitance des conduites du vendeur et de l'artiste qui, lorsque le client tarde, en profite, si je puis dire, pour peindre le modèle qu'il a sous la main, que personne n'a commandé mais qui ne coûte rien : soi-même. J'assène ici, par souci de clarté, la thèse : si les grands Renaissants, les Vénitiens, Rubens, Poussin et Vélasquez ont été et ont peint des *sujets* (dans toute l'ambiguïté de ce mot), Rembrandt, lui, se confronte problématiquement à l'*individu*, qu'il aille le quêter en son miroir, dans l'utopie de peindre le visage du Christ, dans les portraits de vieillards ou dans l'obsession de l'aveugle (Samson, Homère). Au milieu, à peu près, de cette vie d'artiste, repéré à la fois sur ladite *Ronde de nuit* et sur la mort de Saskia, la peinture cesse d'être un office accordé à un ordre du monde pour se concentrer sur elle-même : la voici – en Rembrandt, le « penseur » comme disait Goethe – passion et *question*. Si, d'apparence, l'art moderne doit peu à Rembrandt, ce n'est pas parce que celui-ci prolonge la *représentation* (au sens où la médecine s'acharne à maintenir une vie réduite à végéter), c'est au contraire parce que Rembrandt, d'une façon qui n'est qu'à lui, la dépasse – la *double* en navigateur solitaire – et finalement la moque sans même la critiquer. Pour l'art moderne, Rembrandt ne peut pas être une référence, puisqu'il

1. André Malraux, *L'Irréel*, Gallimard, 1974, p. 253.
2. Svetlana Alpers, *L'Atelier de Rembrandt*, trad. Gallimard, 1991, p. 241.

incarne une solution tranchée, sans précédent ni logique. L'art de ce Hollandais volant, à la fois dissident et glorieux (comme le seront, dans une moindre mesure, celui de Delacroix et celui de Berlioz, le peintre abhorrant, son *Journal* le crie, dans le musicien l'image sonore caricaturée de lui-même), ne se préoccupe pas de la représentation, de la tradition italienne ni du moderne anonyme ; il se situe d'emblée *ailleurs*. Nous ne sommes pas dans ce que François Wahl nomme le discours du tableau[1] – dans une logique de la peinture, commandée par les charges de détonation que les artistes successifs, qu'ils le sachent ou non, placent au cœur de leur pratique quotidienne. Nous ne sommes pas dans le *logos*, par nature déchiffrable et modifiable, empruntât-il la forme d'une palette, mais dans le *Verbe* qui, paradoxalement, s'entend là où la lecture s'aveugle : je renvoie, là-dessus, aux analyses de Svetlana Alpers, qui, dans *L'Art de dépeindre*[2], donne tout son poids à ce constat, que l'« iconoclaste » Rembrandt (je cite, trouvant toutefois que le terme est un peu vite lâché…), à la différence de la plupart des peintres hollandais, ne nous donne pas à lire, mais à comprendre le lieu du Mot, au-delà de toute inscription. Je lis dans Fromentin cette profonde remarque : « Rembrandt est en toutes choses un abstracteur qu'on ne parvient à définir qu'en éliminant[3]. » C'est cette *abstraction* de Rembrandt – qui est sans doute d'abord une *rétraction* – que je tente ici de faire sentir, en tant qu'elle transparaît particulièrement dans l'autoportrait.

Il s'agit, bien sûr, d'abstraction en un sens qui diffère sensiblement de celui de Worringer ; il y va, pour Rembrandt, moins d'économiser des dimensions adventices que de faire passer, à travers le tableau, le sentiment de ce qui le dépasse – et nous avec. Traduite autrement, ma thèse se formule : ramenée à son *fait*

1. François Wahl, *Introduction au discours du tableau*, Seuil, 1996.

2. Svetlana Alpers, *L'Art de dépeindre*, trad. Gallimard, 1990, p. 318.

3. Eugène Fromentin, *Rubens et Rembrandt – Les maîtres d'autrefois*, Éditions Complexe, 1991, p. 289.

propre, la peinture, que plus rien ni personne ne commande du dehors, se fond *aussitôt* dans une interrogation, bien loin qu'elle théorise, à la manière des modernes, le strict attirail de son état ; en parallèle, quand Rembrandt se regarde dans le miroir, presque toujours à sa gauche, n'imaginons pas un *moi* qui se dédouble pour se mieux récupérer, pour s'unifier *sujet* : ce qui crève la glace et saute incontinent pâte, c'est l'énigme de l'*individu*. Oskar Kokoschka ne s'y est pas trompé, qui, dans le dernier autoportrait, voit le « miracle » de « se peindre comme le "néant", la négation de l'homme »[1]. Entendons bien le sens de ces mots : Rembrandt n'est ni un mystique ni un quiétiste, non plus qu'un janséniste. Il n'entend pas se servir de soi pour nous abîmer en masse. Simplement, l'homme, généreux et gourmand, sait, pour l'avoir pratiquée sans retenue, la vanité du moi ; l'artiste, quant à lui, n'ignore pas que le sujet, soi-disant arbitre de ses représentations, est un artefact, une image plâtrée et qu'elle s'effrite à la brûlure du miroir. Rembrandt peint non pas soi-même, mais précisément ce qu'il n'est pas ou n'est plus ; il déclenche une négativité qui déboulonne les images complaisantes, soit qu'elles documentent une fête des sens, soit qu'elles caressent la tentation monumentale du sujet. Nous regardons, aussi bien, l'irregardable – c'est-à-dire un *je*, pur effort de l'individu pour signifier, par-delà toute signification distincte, une *différence* irréductible. Quand je me trouve devant un autoportrait de Rembrandt, me vient incoerciblement à l'esprit la vieille sentence : *Individuum est ineffabile*. Fromentin, que je citais plus haut, a bien compris que l'abstraction était autre chose et plus qu'un style revendiqué : je dirais, pour fixer les catégories que j'ai fait donner un peu sauvagement, que l'abstraction de Rembrandt, qui hante l'autoportrait sans s'absenter des autres œuvres, sape la représentation par les deux piliers, dont la photographie, « art moyen » selon Bourdieu, a spontanément fouillé les assises : les petites faiblesse du *moi*

1. Cité par Pascal Bonafoux, *Rembrandt, autportrait*, Skira, Genève, 1985, p. 127.

et l'infatuation du *sujet*. Ce que peint Rembrandt n'est ni une posture du moi (chère, parce qu'elle lui appartient), ni telle stature dont le sujet tirerait fierté ; c'est, bien plutôt l'*évitement de justesse* de ces pièges et leur métamorphose interrogative. Rembrandt ne demande pas : *Qui* suis-je donc, moi, sujet en peinture du sujet que je prétends être ? Il questionne : *Quid* de l'individu, tantôt piètre, tantôt avantageux, qui ne vient à l'image que le temps de manifester combien il lui fait faux bond ? Si l'on peut définir le moi par la faiblesse qu'il nourrit au *souvenir* de ses états et le sujet par la prétention qu'il élève, cette fois en direction de l'*avenir*, on doit conclure que Rembrandt ne s'est jamais re-présenté, ni pour arracher au temps un moment de sa vie, ni pour promulguer une promesse poseuse. Scruter des « états d'âme », dans les autoportraits dont c'est tout au plus l'alibi, est un contresens. Sous des aspects variés, ne transpire qu'une seule émotion : je la nommerai, sans rechigner au rapprochement avec Rimbaud : *effarement*.

C'est la tonalité de base des gravures et peintures où Rembrandt tombe sur Rembrandt. Je l'entends, non comme soubresaut d'une norme psychologique soudain confrontée à l'excès, mais comme *scandale* métaphysique. Sans raisons ni motifs, l'individu interrompt toute amorce de discours ; il tue dans l'œuf l'explication prête. Quand Rembrandt, égoïstement déçu, désassujetti, regarde au miroir cet homme étrangement familier qui est lui-même, il peint exactement *ceci* – qu'il n'y a rien d'autre : rien à ajouter. L'ineffable, ce n'est aucunement ce moi, censément trop subtil pour les autres ; ce n'est pas non plus tel secret du sujet pactisant ombrageusement avec soi ; mais tout simplement *qu'il y ait de l'individu* qui, maintenant, en un lieu désamarré, désire, regrette, médite, couve sa mort... Comme tous les autres. Comme aucun autre.

Effarement. Devant l'ouvert, l'illimité, l'incompréhensible logé dans le plus naturel. Regardez un peu plus ces regards qui furent eux-mêmes épiés ; vous verrez qu'une puissance seconde, en toute humilité, supplée l'étonnement brut : une attention imperceptiblement crispée s'indique aux commissures des paupières et des lèvres. Elle livre, selon moi, la quintessence des portraits de Vienne[1], surtout celui de 1655 (ou 1657 ?), qui ne montrerait, comme on dit, qu'une *pâte d'homme*, n'était que cette *bonté* de Rembrandt – dont Jean Genet a parlé avec des mots si justes[2] – ne se confond pas uniment avec l'influence de la chair abondante et avec son effet d'alentissement ; elle est traversée par un éclair d'attente, elle s'affermit dans le geste de comprendre, comme si elle se transcendait dans une *recherche* enfermant le savoir qu'il n'y aura d'autre réponse qu'un tableau : soit une question de plus. Attente, attention, respect, regard – c'est le même registre : il s'agit de *sauver l'apparence*, ce qui ne veut pas dire « composer une façade », mais, tout à l'inverse, s'efforcer de capter ce qui fait le prix du paraître : sa vulnérabilité. Quand Fromentin, encore, écrit de Rembrandt qu'avec la nuit il a fait du jour[3], la signification de l'énoncé doit s'entendre bien au-delà de l'allusion au trop fameux *clair-obscur*. En d'autres termes, il n'est pas question de relier un climat à un métier, un effet magique à une cause technique. Nous ne sommes pas dans la positivité du procédé, dont l'intention et le résultat consistent en la production d'effets. J'entends bien que l'art de Rembrandt ne sépare pas le travail de la pâte, parfois appliquée directement au doigt, du sens de cette peinture et je pense que le « rugueux » de la touche qu'on a très tôt relevé, parfois pour s'en offusquer, est aussi une façon de *tourner* un programme fondé sur la narration ou la description, par conséquent de décoincer l'étau représentatif qui commet la peinture à d'autres fins qu'elle-même. Reste que toutes ces dimensions se fondent – et, pour le dire vite,

1. Huile sur toile, 112 x 81,5 cm, 1652 ; et huile sur bois, 49,2 x 41 cm, 1655 (ou 57 ?). Les deux tableaux sont conservés à Vienne, Kunsthistorisches Museum.

2. Jean Genet, *Œuvres complètes*, t. 5, *Le Secret de Rembrandt*, *op. cit.*, p. 36.

3. Eugène Fromentin, *op. cit.* p. 275.

si Rembrandt ne peint ni son *moi* passé ni le *sujet* pour lequel il veut passer, c'est que ses mains comme sa tête se refusent à la norme représentative, qui devrait s'exacerber dans le portrait de soi réunissant réflexivement le sujet des représentation et la représentation du sujet par excellence, celui que *moi je suis*. Aussi bien, admis que l'art de Rembrandt sape en général le credo du portrait où culmine la représentation, on doit mesurer l'ironie rentrée d'un artiste qui, recourant plus que personne à son image, dépose dans l'autoportrait la ruine méditée du portrait classique. Si ce dernier, par contrainte de genre, tend à la majesté, la bonté de Rembrandt, sans une once décelable de provocation, consiste à s'oublier *dans* – c'est-à-dire *pour* – la peinture ; ni pharisienne, ni franciscaine, elle traduit simplement le fait, étonnant, irrécusable, que l'*individu*, soit celui qui, par définition, ne représente rien, est entré, autrement que par effraction, dans le peindre. Avant Rembrandt, c'était une chance ; avec lui, c'est une obsession.

On dirait que l'artiste, se prenant pour cible, a rendu à chaque fois, non pas une pose ni une situation – pas même une moue, cet air d'en penser plus sans y toucher – mais *le regard aux aguets* comme tel. Il ne cherche pas à percevoir l'homme qu'il est censé être en son particulier, à fixer les phases de son existence. En d'autres mots : le regard utile du peintre Rembrandt ne détache pas le regard-substance de l'homme du même nom. Ce qui est peint, c'est l'*acte* de regarder. La concentration – qui est le contraire de l'absorbement dont la stratégie complice, comme l'a montré Michael Fried[1], consiste à ménager la « place du spectateur » en feignant de l'exclure. D'ordinaire, un regard peint est un regard éteint, puisqu'il n'a pas le dernier mot, étant surmonté par un autre qui, en figeant une expression, fait

1. Michael Fried, *La Place du spectateur*, trad. Gallimard, 1990.

choir dans l'extériorité une pure visée. Peindre un sujet revient à le transformer en objet.

C'est précisément ce que Rembrandt évite. Parce qu'il s'écarte du dispositif transcendantal de la représentation, qui prend son parti de la division pour sauver le sujet. La frontalité brute n'est pas un face-à-face ; c'est une irruption de présence. Lui restent sur le fond étrangères des recherches comme celles de Vélasquez ou de Vermeer, dont la représentation est l'enjeu. Je crois, pour tout dire, qu'il faut prendre avec précaution l'idée que Rembrandt, comme tous les artistes de son siècle, aurait fait pénétrer le jeu scénique dans l'atelier[1]. La pression mentale d'une topique de théâtre est de plus en plus contrebattue par l'insistance d'un drame invisible, celui, par exemple, du portrait de Cologne[2]. Tout sépare à première vue *Le chevalet* (1628)[3] de l'autoportrait de Londres[4], qui campent le peintre : il est, dans l'œuvre de jeunesse, perdu dans l'espace au centre duquel trône l'instrument géant, alors qu'en 1660, il occupe massivement la toile ; l'appareil de la peinture est d'abord déployé et son servant se fait tout petit comme pour mieux nous imposer ; trente-deux ans plus tard, les attributs (pinceaux, repose main, palette) fusionnent leur intensité allusive avec la main ; surtout, si l'espace domine dans le premier tableau, le fond du second stylise le règne du temps par deux arcs de cercle. N'empêche : même dans *Le chevalet*, la tension dramatique l'emporte, à mon sens, sur l'expérience scénographique et c'est moins le dispositif qui compte que l'affrontement intérieur à l'énormité d'une tâche.

En somme, si la représentation se contrôle à deux voyants, le sujet spéculairement rendu à soi au moyen de sa division et la scène comme organisation cadrée des actions, Rembrandt se

1. Svetlana Alpers, *L'Atelier de Rembrandt*, *op. cit.*

2. *Autoportrait en Zeuxis*, huile sur toile, 82,5 x 65,5 cm, 1665, Cologne, Wallraf- Richartz-Museum.

3. *Le Chevalet*, huile sur bois, 25,1 x 31,9 cm, 1628, Boston, Museum of Fine Arts.

4. Huile sur toile, 114 x 94 cm, 1660, Londres, Kenwood House.

montre insidieusement apostat et détraque la machine. Comme, un des premiers, l'a relevé Georg Simmel[1], Rembrandt ne situe pas un sujet dans l'espace, il plonge l'individu dans le temps.

Je n'ignore pas ce qu'on peut m'opposer d'arguments, dont un goût de Rembrandt pour le *travestissement*, que manifestent à l'envi, non seulement *Le fils prodigue*[2] ou *Le porte-drapeau*[3], mais tant d'œuvres, y compris d'inspiration religieuse, dans lesquelles il s'est glissé en comparse anodin. Il y aurait une étude à mener sur les *chefs* dont il se couvre, au propre comme au figuré, sur ses cheveux et chapeaux. Je tiens que ces masques, loin de servir naïvement l'illusion comique et de favoriser par l'habit la croyance du sujet en son rôle, traduisent à leur façon l'opacité à soi de l'individu, paradoxalement accrue par la fidélité spéculaire. La question n'est pas d'essayer des costumes, mais de perdre l'individu, puisqu'il n'est rien que risque. Jusque dans l'étourderie hilare et avinée du fils prodigue passe un soupçon d'inquiétude, dont le pendant est l'indifférence de la fille assise sur ces genoux.

Après 1652 d'ailleurs, Rembrandt abandonne le biais des personnages. Le peintre n'en est pas un. Et l'apôtre Paul[4] colle à ce point à la peau du vieil homme qu'on ne saurait dire que le second prête son aspect au premier. Il n'y a pas substitution, parce que les deux sont un. En même temps que le théâtre du monde, qui consomme beaucoup de figurants d'occasion, le cède à une dramaturgie indescriptiblement nue, les fonds s'assombrissent, se vident de tout pittoresque. Dans les derniers autoportraits, le soi-disant fond n'est que la nuance rappelée d'une présence humaine carminée[5]. Rembrandt porte le dernier coup à l'univers de

1. Georg Simmel, *Rembrandt*, 1re éd. Leipzig 1916 (Kurt Wolff Verlag), et 1985 Matthes & Seitz, Munich.
2. Huile sur toile, 161 x 131 cm, 1634-1636, Musée de Dresde.
3. Huile sur toile, 125 x 105 cm, 1636, Collection privée.
4. *Autoportrait en saint Paul*, huile sur toile, 91 x 77 cm, 1661, Amsterdam, Rijksmuseum.
5. Huile sur toile, 86 x 70,5 cm, 1669, Londres, The National Gallery.

la représentation, qui fonctionne sur le contraste de la figure et du fond. Il n'y a plus de premier plan, ni d'arrière-plan. Ni même de visage. Le portrait est un tout indécomposable et l'individu, dont le mystère s'enfouit dans la peinture, sort d'un fond qui n'est pas apprêté et ne relève pas de la convention représentative. Au dualisme qui la structure, succède un dialogue du visible avec l'invisible – celui-ci n'étant pas l'opposé de celui-là, mais sa condition. Ce qui se répercute dans ces fonds, c'est le sombre vertige spéculaire. Aussi bien, la vérité du portrait ne tient pas à un relevé, plus ou moins fasciné, de ressemblance. Il n'y a pas lieu de comparer avec l'original, par la raison que le miroir, bien plus qu'un truchement, est un révélateur. La peinture est vraie, non d'être fidèle à une réalité perçue, ce qui s'appelle seulement « faire illusion ». Le miroir ne médiatise pas le tableau, il le fonde, c'est-à-dire l'abîme. *Regarder* est autre chose et plus que *percevoir*. L'obscure transparence spéculaire à laquelle l'art défère prend à contre-pied l'univers de la représentation. Le tableau ne reproduit pas, fût-ce en s'accordant des libertés, le reflet signifiant de la personnalité, car le sujet qui se récupère par son image se met hors de l'art – lequel, comme l'a marqué Pierre Kaufmann[1], implique à l'inverse que le sujet se « dessaisisse » pour s'ouvrir au réel, en deçà ou au-delà (peu importe) des déterminations ou des images qui le vêtent et l'obnubilent. En se peignant lui-même, c'est l'*inconnu* qu'affronte Rembrandt, plus étonnant que partout ailleurs. Loin que son regard cherche à s'emparer de soi, à colmater la bouche d'ombre, il consent au contraire à s'immerger dans la touche.

C'est ce que j'appelle *le regard immanent.*

L'individu est homme et peinture, indivisiblement. Ils forment une seule question. Nous ne regardons pas le regard *de*

1. Pierre Kaufmann, *L'Expérience émotionnelle de l'espace*, Vrin, 1987 (6e édition).

Rembrandt. Nous n'avons pas à sortir de la peinture par la psychologie. La contemplation esthétique est possible, *justement* parce qu'il n'y a pas de réponse à la question. Le *regard-Rembrandt* se sauve dans et par la peinture dans laquelle il se fond parfaitement. Voici l'autoportrait de New-York[1] : c'est le règne de la peinture. Le tableau respire une *souveraineté* magnifiquement apaisée, il fleure une patine de vieux meuble. Rembrandt est vêtu de l'or des héros ; une pelisse couvre ses épaules ; à même son corps, le linge est blanc, son ventre est ceint de rouge ; sur aucun autre portrait, vous ne verrez des mains si distinctes, si parlantes par elles-mêmes, et l'une d'elle tient une canne-sceptre. Toute la science de l'ombre et de la lumière est au service d'une tête coiffée de nuit. Libre au spectateur, bien sûr, d'interpréter le tableau comme une apothéose compensatoire, comme si l'homme humilié, ruiné, prenait sa revanche sur le destin qui s'acharne. Il me semble cependant que l'œuvre est incommensurable à je ne sais quel imaginaire réactif. Elle est ouverture, affirmation – non du peintre, de la peinture. Elle est ici, dans sa plénitude de présence, son propre symbole, comme si l'art en acte se rassemblait dans un *schilderkonst* de l'indescriptible[2].

1. Huile sur toile, 133,7 x 103,8 cm, 1658, New-York, Frick Collection.
2. Ce texte reprend, en la modifiant, une communication de colloque (« Autoscopies »), publiée dans le n° 24 des Annales de l'Université de Savoie (1998).

Mémoires d'ombres

Bête de peintre !

« Le drame de tous les grands peintres depuis Manet jusqu'à Picasso a commencé : tenir la peinture pour la valeur suprême, l'une des valeurs suprêmes du monde – et ne pas savoir pourquoi. »

André Malraux[1]

À Patrick Moquet, peintre

1. André Malraux et Walter Benjamin

Je me plais à placer les réflexions qui vont suivre sous l'auvent protecteur de l'auteur de *L'Intemporel*. André Malraux, dont l'œuvre d'écrivain s'infléchit rapidement en une longue méditation sur l'art, a aimé la peinture d'une dilection particulière. Il est néanmoins persuadé qu'« à la mort de Picasso, l'École de Paris finit, l'audiovisuel commence »[2]. Une page se tourne censément

1. André Malraux, *L'Intemporel*, Gallimard, 1976, p. 156.
2. *Ibid.*, p. 345.

et le musée imaginaire, dont le ressort est de toute façon la métamorphose, s'apprête à se revisiter lui-même par les moyens de l'audiovisuel, c'est-à-dire pour l'essentiel, de la télévision.

L'écrivain, qui mise sur la vertu éducative, voire émancipatrice, de ce média de masse, envisage moins l'avenir de la création picturale que la réception muséale, dans le futur qui pointe, d'une peinture déjà faite – ceci, grâce aux moyens d'investigation et aux commodités de présentation et d'explication fournies par ce qu'il appelle l'*audiovisuel* (notion qui, à l'heure des technologies de l'information et de la communication, rend un son étrangement désuet). Le devenir qu'il entrevoit est bien plus celui du musée (mondial) que celui d'œuvres émergentes d'autres types, d'ici ou d'ailleurs. Considérerait-il que la peinture est, vers 1970, une chose du passé ? Que la création même, avec sa part d'énigme, le cède désormais à une longue réception dans l'Intemporel, sachant toutefois, selon les tout derniers mots de l'ouvrage éponyme, « que l'intemporel non plus n'est pas éternel »[1] ? D'ailleurs, la lecture de son dernier livre, posthume[2], et tout particulièrement de l'ultime étrange chapitre intitulé « L'Aléatoire », ne nous révèle-t-elle pas rétrospectivement un Malraux qui aurait à sa manière diagnostiqué et baptisé ce que nous avons pris le pli de nommer la « postmodernité » ?

Il me semble que Malraux, dont les écrits sur l'art valent tellement mieux que les vaticinations risquées et les étourdissants chapelets de noms à quoi on les réduit parfois – ou encore les erreurs et approximations sur lesquelles un Gombrich le cloue sans merci –, est assez hégélien et, par un autre aspect benjaminien, dans sa vision transhistorique des métamorphoses de l'art[3].

1. André Malraux, *L'Intemporel*, *op. cit.*, p. 415.

2. André Malraux, *L'Homme précaire et la littérature*, Gallimard, 1977.

3. Je doute que Malraux, qui n'a pas un rapport franc, mais de méfiance, à la philosophie *construite*, ait lu Hegel, en tout cas de première main ; ce qui est sûr en revanche, c'est qu'il a lu vite *L'Œuvre d'art à l'époque de sa reproduction mécanisée* et, même, qu'il s'en est « emparé », tordant le texte de Walter Benjamin dans sa guise à lui…

Qu'il se fonde dans le sacré (le Surnaturel) ou se délivre des dieux en les remplaçant (l'Irréel, ce « divin dé-divinisé »[1]), l'art proclame son lien à la transcendance, à ce que Malraux appelle les « valeurs » et qui n'a pas à ses yeux de signification morale, mais métaphysique et esthétique, puisqu'il s'est agi, jusqu'ici et pour un « imaginaire » faisant temporairement époque, de se prononcer quant au rapport du sens et de l'apparence[2]. Or, à en croire l'auteur, « l'aléatoire est sans précédent »[3]. Pourquoi ? Parce qu'à la différence de la bibliothèque ou du musée (pour considérer des « imaginaires » encore proches de nous), qui « sont des mondes de valeurs », l'aléatoire « n'est pas formateur de valeurs »[4]. *La métamorphose des dieux s'est échouée dans la Métamorphose tout court.* Les voix du silence se sont tues : nous devons les faire parler depuis un hiatus, transcrire dans nos codes un sens qui n'était pas fait pour eux. L'auteur l'exprime autrement en écrivant que notre monde est le premier monde sans « surmonde » ; et si le monde-de-l'art lui sert éventuellement de (substitut de) surmonde, c'est bien qu'il n'est plus agi par le ressort de la création vive (l'énigme), mais guidé par le souci de recevoir comme il sied les créations du passé, de les ranger en ordre.

On se rendrait coupable de platitude, si on en concluait que Malraux accuse tout bonnement le présent d'émasculer les créateurs. L'aléatoire, dit-il, n'est pas un simple scepticisme, c'est un univers[5] – le nôtre jusqu'à nouvel ordre – caractérisé par une « incertitude englobante » régnant « au paradoxal sommet de certitudes limitées »[6]. Nous sommes *à la fois* plus assurés et plus incertains que jamais. Il n'y a pas plus d'athées que de fidèles, parce que « devant l'aléatoire, ni le monde ni l'homme n'ont de

1. André Malraux, *L'Irréel*, Gallimard, 1974, p. 26.
2. André Malraux, *L'Homme précaire et la littérature*, *op. cit.*, p. 316.
3. *Ibid.*, p. 324.
4. *Ibid.*, p. 317.
5. Pour éviter imaginaire, puisque « l'aléatoire n'est pas formateur de valeurs »...
6. *Ibid.*, p. 316.

sens », sa définition même étant « l'impossibilité d'un sens »[1]. Le sens et l'apparence ne s'articulent plus, ils flirtent, jouent à cache-cache, tantôt fusionnent tantôt bifurquent infiniment. J'ai appelé cela *la transparence ombreuse*[2]. Sur fond du non-imaginaire qu'est l'*aléatoire*, qui indifférencie les valeurs au lieu de les « former », les range sans les hiérarchiser dans une *chôra* indéfiniment extensible (il y a place pour tout), le « grand art » est moins une chose du passé, comme parle Hegel, que l'affaire de l'intemporel, selon le mot de Malraux. Mais l'intemporel, nom d'apparat de l'aléatoire, est-il propice à l'acte créateur ? Quelle croyance le transporte, lui qui s'entend plutôt à étirer son horizon comme pour le convier à sa propre immanence, qui, capable d'intégrer l'extrémité de la catastrophe, semble sourd à l'énigme, c'est-à-dire à cette altérité irréductible et magnétique dont l'écrivain agnostique fait le sceau de la condition humaine ?

C'est ici que la tournure hégélienne du propos emprunte une voie sur laquelle a cheminé Walter Benjamin. Elle est balisée par une double découverte : la révélation du jeu dans une lointaine encoignure de la *mimèsis*, tapi, attendant son heure[3] et l'attention réservée moins à une technique qu'à l'esprit qui y préside, au medium, à l'appareil ou, de façon plus globale, à l'époque en tant qu'elle mérite son nom de suspension (*épokhè*), d'arrêt (sur image), de mouvance freinée par une torpeur de présent. Qu'est-ce qu'une époque ? C'est une photographie ou plutôt un album photographique, où s'inscrivent des traits qui, dans leur turbulence très locale, mènent au paraître une physionomie, voire une

1. André Malraux, *L'Homme précaire et la littérature*, *op. cit.*, p. 329.

2. « D'un réel sans appel ou la fin des phénomènes », in Michel Guérin (sld), *La Transparence comme paradigme*, Publications de l'Université de Provence, 2008.

3. La *mimèsis* n'est pas simple, elle contient les valences de l'apparence et du jeu, et, à mesure que le flétrissement de l'apparence entraîne le déclin de l'aura, c'est l'espace du jeu (*Spiel-Raum*), qui y gagne. Et Benjamin de conclure que « l'espace de jeu le plus vaste s'est instauré dans le cinéma ». Voir, Walter Benjamin, *Écrits français*, Gallimard, 1991, p. 189 (il ne s'agit pas ici d'un « écrit français », mais d'un passage, traduit de l'allemand, des paralipomènes et variantes de *L'Œuvre d'art*...).

physiognomonie ; comme si l'image multiple ainsi précipitée n'était, quant à sa teneur intime, que du temps pur codé en espace, c'est-à-dire en relations. Toute époque est en ce sens l'équation parfaite de l'archisimple et de l'hypercomplexe.

Or, le Malraux que hante la pompe des siècles fait ménage avec l'interprète sagace des signes actuels qui *documentent* un présent toujours plus coupé du passé au fur et à mesure qu'il élit domicile dans l'intemporel et se préoccupe surtout d'écarter les murs du Musée. Il voit bien que les *monuments* de l'art ne seront réédités qu'en effigies et en discours, justement parce que l'époque est, pour ainsi dire, sur une autre planète. L'esprit du « grand art » songe à édifier (dans toutes les acceptions du mot) *pour toujours*. Il valorise solennellement l'apparence en tant qu'aspect grandi par un prospect, selon le mot de Poussin. Il est essentiellement monumental et ne cesse d'avertir l'homme de sa mortalité. Il réalise l'équilibre du sens et de l'apparence au prix d'une *gravité* dont la teneur sacrale s'évente dans le relais d'époques, laissant subsister une emphase un peu creuse qui prêterait à rire dans l'ambiance profane qui est la nôtre. Dans l'analyse benjaminienne[1], c'est là l'esprit (paradoxalement empreint de magie), de la « première technique », dont la maxime dramatique sonne comme un avertissement ou un pari pascalien : *Une fois pour toutes.* On en peut proposer les déclinaisons : maintenant ou jamais, une bonne fois, pour l'éternité. Cette technique magique, si l'on peut risquer l'oxymore, ne se donne pas le droit à l'erreur : le coup doit *porter* la première fois, à travers la juxtaposition intense de l'éphémère d'une vie et de l'art sempiternel. *Vita brevis, ars longa.*

L'esprit de la « seconde technique », « dont l'objet est de reprendre, en les variant inlassablement ses expériences », est tout autre et sa devise est : *Une fois n'est rien.* Il est permis de se reprendre, d'essayer encore et de recommencer : le pas de travers n'*a pas*

1. Il s'agit en l'espèce de la section VI de « L'œuvre d'art à l'époque de sa reproduction mécanisée ». Voir *Écrits français*, *op. cit.*, p. 148.

d'importance, car ce qui compte, précisément, c'est de tenter, d'expérimenter et, en dernière analyse, de jouer : ou de monter, comme au cinéma, les rushes dans un ordre différent de celui qui s'est d'abord proposé. La première technique vise l'achèvement, la perfection ; la seconde fait principe de l'imparfait. Si l'on va au bout de cette pensée, on doit conclure que l'idée de l'art qui habite la première technique se rapproche d'un *memento mori*, car la vie éternelle n'est rien que la mort définitivement victorieuse et maîtresse d'un terrain où elle impose son climat. La culture, pour le « grand art », est un tombeau. Aussi ne lui vient-il pas à l'esprit de s'exalter directement comme elle fait aujourd'hui, menaçant bientôt la création de submersion. La seconde technique au contraire préfère la vie à l'art et/ou n'attache du prix à l'art qu'autant qu'il « rend la vie plus intéressante que l'art » selon le mot fameux de Robert Filliou. Il y a évidemment au moins deux interprétations de cet « intérêt » : l'une en termes de curiosité cognitive, d'excitation à découvrir, donc d'élargissement de l'expérience ; l'autre en termes de divertissement – celui-ci donnant une réponse industrielle (et donc marchande) à une question potentiellement métaphysique : comment meubler des vies qui se sont mises à allonger de décennie en décennie ?

La « seconde technique » désigne la *reproductibilité* et, de façon plus large, toute forme de reprise ; elle est affine du test et du jeu. Parce qu'elle implique le primat du processus sur le produit, qu'elle étouffe dans l'œuf le murmure de l'*original*, elle fait de la culture sa seconde nature, le vivier inépuisable des expériences dont la vocation est de s'entre-copier, de se parodier et pasticher. Surtout, loin de dénier sa dépendance de l'appareil, elle met tout son esprit à agir et investiguer *selon* lui, tout en explorant les états de choses du monde. À l'univers magico-religieux de la création (*ex nihilo*) s'oppose celui, ouvert et superposé, de la médiation indéfinie.

Dans les mutations d'imaginaires que décrit Malraux, tout se passe comme si, dans le fait, la création tendait à troquer sa simplicité biblique contre les jeux complexes d'une médiation emportée de façon incoercible vers la médiatisation[1]. Ne dirait-on pas que les principales recherches animant les formes d'art qui, solitaires ou « intermédiales », sont apparues dans la période récente, tournent autour de la question : comme se présenter ? s'exposer – non pas de manière frontale, comme le tableau sur le mur offert à la contemplation, mais dans le prisme multi-dimensionnel (y compris le virtuel) attestant bien moins tel *objet* valant comme *représentation* qu'un *x* indécidable de présence démultipliée ou éclatée ? Comme déjà l'avait aperçu Walter Benjamin, l'*exposition*, de plus en plus libre de tout contenu où pourrait se tapir l'aura (se réserver, s'abriter des regards indiscrets tout en faisant signe au bon entendeur inconnu), devient, elle qui est tout en surface, le propre d'un art désormais occupé à travailler son *exposabilité*.

2. Le nom de l'Art

Mais la peinture ? Si l'on entend le tableau de chevalet, son déclin, écrit Benjamin, a commencé et il est irrémissible. L'auteur rattache celui-ci à la défection de l'« armature architecturale » dont

1. Observons que la première caractéristique typiquement « postmoderne » que Fredric Jameson relève, dans *Le Postmodernisme ou la logique culturelle du capitalisme tardif*, est l'extinction de la nature. Dès la première page de l'Introduction (d'un livre qui en compte six cents), il écrit : « Le postmodernisme est donc ce que vous obtenez quand le processus de modernisation est achevé et que la nature s'en est allée pour de bon », (Les éditions de l'École nationale supérieure des beaux-arts de Paris, 2007, p. 15). Ce fait massif se lie à deux autres phénomènes : la croissance exponentielle de la culture, cette « seconde nature » et, avec cette expansion (notamment économique), l'apparition d'un trait que l'auteur appréhende comme une « nouvelle superficialité » (p. 40), plus exactement une absence de profondeur (*dephtlessness*), puisque désormais tout est au même niveau : non seulement la différence « moderniste » entre haute culture et culture populaire tend à disparaître, mais encore les choses sont convertibles en images. Le « spectacle » au sens où l'entendait Debord est l'ultime degré de la réification de la marchandise.

la peinture a besoin[1] ; ses *murs* viennent à lui faire défaut. Perdrait-elle son support (matériel) en même temps que son fondement (spirituel) ? Se verrait-elle condamnée à céder peu à peu la place pour cause d'impossible accrochage ? Se résignerait-elle à suspendre son destin, faute de résoudre un problème de suspension ? Ces questions sont loin d'être rhétoriques, elles touchent au contraire le propre de la chose picturale. La peinture a *lieu d'être* tant que la soutiennent les portants d'un *décor* qui lui convient. Ce n'est pas simplement l'alliance en actes de la peinture et de l'architecture, du plan et de l'espace, de l'intérieur et de l'extérieur, éventuellement du métaphysique et du physique (du lieu d'être et du lieu tout court, de la place) ; il y va[2] de l'anneau invisible (magique ?) qui lie la condition et l'essence picturales, comme si le tableau trahissait – ne serait-ce, déjà, que dans l'unité scindée du subjectile et du fond, engendrant elle-même et permettant l'étagement des plans *dans la surface* – une ontologie clivée. Je ne connais pas un autre art qui, mis en péril, risqué par une déhiscence constitutionnelle, soit plus apte à surfer dans les méandres de la durée entre son essence et son existence, à se réfugier dans sa base quand la tête et le front s'inclinent humblement pour attendre des temps meilleurs. Car je tiens que tout peintre veut faire apparaître, qu'il ne médite que *figuration* : j'y reviendrai[3]. En ce sens, c'est un mage, le seul peut-être qui, parfois cachant ses mains, soit encore de ce monde.

La peinture, fresque et tableau, est en tout cas pour Benjamin d'ambiance magique et l'auteur développe l'analogie : le peintre est au magicien ce que le cameraman est au chirurgien[4].

1. Walter Benjamin, *Écrits français*, *op. cit.*, p. 189.

2. J'avertis le lecteur que ce moment-ci de la réflexion ne peut être autorisé ni par Malraux ni par Benjamin.

3. J'entends bien ici provoquer une guerre civile sémantique et dresser le verbe et le substantif contre l'adjectif imbécile, hélas plus connu.

4. Walter Benjamin, « L'œuvre d'art à l'époque de sa reproduction mécanisée », XIV, in *Écrits français*, *op. cit.*, p. 160.

Les premiers produisent *à la main*[1] des effets holistes, impressionnants mais hypothéqués par l'illusion (la « belle apparence ») ; les seconds, qui pénètrent dans les tissus de la réalité et opèrent *avec l'appareil*, obtiennent des images multiples, fragmentaires, mais qui constituent des analyses en acte de cette réalité. Le souci de l'auteur est cependant de se servir de la peinture comme contre-exemple pour mieux faire l'éloge du cinéma, art actuel. Celui-ci sonnerait la revanche historique du profane sur le sacré, des masses sur les clercs, de la connaissance et de l'efficacité sur la magie, de la distraction sur la contemplation ennuyée, du rythme sur l'impavidité ?

Dans la vision de Malraux, marquée encore une fois par l'intuition générique de l'art comme « monnaie de l'absolu » *et* l'attention spécifique portée aux glissements d'imaginaires accompagnant les mutations techniques, la peinture est, plus que la sculpture avec laquelle toutefois elle entretient une relation étroite et agonale, l'art de l'*irréel* : autrement dit l'art du retrait des dieux sur la pointe des pieds, l'art des formes promises à la grande illusion d'une scène qu'ordonne désormais Clio.

La thèse, que l'irréel est « un divin dé-divinisé », implique plusieurs corollaires, outre qu'elle postule qu'aucun art jusqu'à nous n'échappe aux effets de la métamorphose des dieux. Elle signifie que la conscience d'art (comme activité *sui generis*, ce qu'on appellera l'« art autonome ») émerge à proportion du reflux du

1. La démiurgie du grand peintre et la thaumaturgie du mage passent également par la *touche* (ou le *toucher*). Benjamin, malgré l'« imposition des mains » (cf. « Le roi te touche, Dieu te guérit », formule rituelle des rois thaumaturges, Capétiens et Plantagenêts, étudiés par Marc Bloch) impliquant une évidente proximité physique, insiste sur la *distance*. Dans les deux cas, on a affaire en effet à un toucher – qui est aussi un tact – dont l'effet est de mettre à distance, de produire une perspective et d'asseoir une autorité. La main du mage-peintre n'est pas celle du *faber*, elle est souveraine, quasi sacerdotale : elle opère plus qu'elle n'exécute, elle détermine l'apparition (de la bonne figure) ou la disparition (du syndrome). La peinture a trop été pensée depuis l'optique et pas assez depuis l'haptique. Or, la vision du peintre indique qu'il n'a pas le nez sur sa toile ni le regard perdu dans les lointains, il touche des yeux (et de l'imagination), à bonne distance (extime/intime) une Idée incarnée, plastique, intranscriptible, habitant simultanément la main et l'esprit.

sacré, ou encore que « le saint va devenir le héros, et le spirituel va devenir l'irréel »[1]. Elle donne au syntagme *peinture d'histoire* un sens renforcé, car ce n'est pas seulement le sujet (le contenu) de la peinture, l'*action*, qui est emprunté à l'histoire, c'est sa forme elle-même qui est intrinsèquement modifiée par l'impact de l'historicité. Malraux, en effet, remarque que l'artiste, séparant la création du christianisme, découvre *le* passé (autre chose et plus que le passé-de-son-art) dans l'éloignement des dieux. Il y a plus encore : si le nœud qui – quand l'Irréel refoule le sacré en distillant cependant sa teneur au filtre du temps – tient solidaires et la peinture et l'histoire, les promet à un destin commun, cela veut dire que les vicissitudes de la caducité, la loi du « grandeur et misère » stigmatisent l'une comme l'autre. « L'art, écrit l'auteur, aspire à donner aux formes l'irréalité prestigieuse que l'histoire donne aux noms[2]. »

Dès lors, la peinture va se confondre avec l'Art, et même avec *le nom de l'Art* (au sens où l'on parle du « nom du père »). Elle suscite un discours et le tableau lui-même présente une ressemblance avec le discours. Alberti, imposant l'idéal-type du *doctus pictor* versé « dans tous les arts libéraux », bouscule la classification médiévale héritée (*trivium* et *quadrivium*), moins en prétendant en ajouter un huitième qui les surplombe qu'en décrivant l'art pictural comme capable d'*intégrer* la leçon distribuée par les autres : c'est en ce sens que la peinture est dite *omnium artium magistra*[3]. C'est ce même magistère, cette souveraineté que Léonard de Vinci proclamera à son tour en tenant la peinture pour la *scienza* par excellence. Le savant prestige (on est tenté de parler d'alchimie pour cette magie matérielle qui fait surgir des figures et des formes) de la peinture s'affiche aux

1. André Malraux, *L'Irréel*, *op. cit.*, p. 43.
2. *Ibid.*, p. 92.
3. Leon Battista Alberti, *De la peinture/De pictura*, trad. de Jean-Louis Schefer, Macula, 1992, II, § 26, p. 132.

yeux des doctes *sur* la toile, mais cet aspect flatteur, même les plus instruits n'en devinent pas la condition clandestine, les secrets recelés *sous* (et entre) les fils de cette toile (*tela*). Affaire de sur-face autant que de sub-tilité, la peinture mérite d'être dite l'art « subtilissime », *ars subtilissima*[1]. Parce qu'elle joint, pour s'accomplir, le prestige du paraître – qui la fait reine (*magistra*) de l'illusion (de l'irréalité, dit Malraux) – à la maîtrise des dessous, des détails infinis qui conditionnent l'érection de l'*historia*, elle justifie, comme l'observe encore Alberti, le sentiment des peintres, quand ils voient leur œuvre admirée, de se sentir *quasi des dieux*[2].

3. La peinture en tant qu'art chrétien

On parlera désormais d'un art (dé)divinisé, en prenant soin de donner au préfixe deux valeurs opposées dans leur suture : l'irréel *à la fois* met en route (en histoire) la mort des dieux, procède, en quelque sorte, à l'évacuation du sacré de la sphère symbolique, *et* s'efforce d'inscrire – d'écrire même ! – un cosmos avec une encre qui vient du sang des dieux morts. Le divin est ensemble déni du dieu et produit de (sa) substitution.

Peignant en tant qu'action (histoire) exemplaire entre toutes la Passion du Fils de l'Homme, les événements de l'Incarnation, c'est-à-dire de la *kênose* (le Verbe se fait chair, y descend, il se vide de lui-même pour aller la chercher dans son abaissement), la peinture occidentale prend du même mouvement le deuil de *tous* les dieux. *Le Christ est le dernier dieu du surnaturel* et *la première*

1. Leon Battista Alberti, *De la peinture/De pictura*, *op. cit.*, III, § 63, p. 234.

2. « La peinture a donc en elle-même ce mérite que les artistes consommés, lorsqu'ils voient leurs œuvres admirées, comprennent qu'ils sont presque égaux à un dieu – *tum deo se pæne simillimos esse intelligant* », II, § 26, p. 132.

figure de l'irréel[1]. C'est peu dire que cette peinture est chrétienne, comme le souligne essentiellement Hegel ; de surcroît, elle conjugue dans son clivage les deux natures de Jésus, Fils de l'Homme et Image du Père. On n'a jamais fini de méditer (sur ce chemin, un jalon important est évidemment *Le Chef-d'œuvre inconnu* de Balzac) l'affinité profonde du legs pictural avec l'Incarnation. Peindre, c'est figurer comme j'entends : non pas représenter, mais incarner, donner chair (ce qui est tout autre chose que matérialiser). En même temps, la peinture épouse le « destin du christianisme » : elle ne proclame la mort de Dieu qu'en l'explicitant – puisque cette mort, dira Hegel, est aussi le plus grand amour – par la référence paulinienne d'une « mort de la mort ». Il me semble que l'incarnation picturale – telle est sa profonde ambivalence, et sans doute du même coup le secret de sa longévité de perpétuelle valétudinaire ! – admet, voire appelle, deux interprétations de « la mort de Dieu », l'hégélienne (paulinienne hétérodoxe) et la nietzschéenne. En ce sens, il est équivalent, sur la durée, de thématiser le regain, la jouvence d'une peinture qu'on mortifie pour la forcer à vivre *et* la lente descente à l'abîme d'une espèce d'art condamnée par la « vie moderne ». Tout se passe comme si l'histoire de la peinture, homologique au destin du christianisme, ne parvenait pas à disjoindre – sans doute heureusement pour elle – le message d'espérance et l'arrêt de mort. En d'autres termes, *l'histoire de la mort de la peinture est également l'histoire de la mort de la mort de la peinture.*

Or, cet inconfort historique – d'ailleurs propre à l'irréel, coincé dans un gros pli de temps entre le massif du sacré et la mer

1. La Figure du Christ est *patron*, non pas d'abord au sens religieux (saint Patron), mais quasi comme figure imposée, modèle automatique apte à trans-figurer tous les autres visages. Dürer ne s'y trompe pas, dans son célèbre autoportrait (« à la fourrure ») de 1500, conservé à l'Ancienne Pinacothèque de Munich. Le peintre se voit *par* le Christ. La proposition n'a pas uniquement une signification mystique, elle signifie aussi que le passage de la réalité à l'image *de peinture* paye tribut à une image première, flanquant toutes les autres et, pour ainsi dire, les affectant.

recommencée de l'aléatoire post-moderne – est dans ses fibres et s'annonce aussi bien dans ses défis maîtrisés que dans le risque d'une aventure où décide l'inconnu. Sous le premier rapport, il faudrait prendre le temps de relire le *paragone*[1] qui, dans l'Italie (essentiellement Florence) du seizième siècle, met aux prises la peinture et la sculpture. Ce duel pour la précellence implique deux témoins engagés : l'architecture et le dessin ; il met donc en effervescence les arts visuels[2]. C'est la peinture qui l'emportera durablement dans les esprits, confisquant à son usage *presque* exclusif le « grand art ». Non pas, certes, que la sculpture ait jamais signé une reddition, ni que la joute ait connu une fin en forme avec relevé de résultats ; d'ailleurs elle reste longtemps d'actualité, si bien que Galilée s'y trouve enveloppé en 1612 : le voilà fournisseur d'arguments pour son ami le peintre Ludovico Cigoli[3].

De Vasari à Hegel et Baudelaire en passant par Galilée, la défense et illustration de la peinture plaide en faveur de l'« énergie spirituelle » qui l'anime et qui l'emporte en dignité sur la solidité monumentale dont les sculpteurs tirent argument (« la pierre, c'est du solide »). Vasari insiste sur l'universalité de la peinture (dans

1. Derrière l'idée de soutenir la comparaison (*reggere il paragone con…*), ou encore le parallèle (au sens où Saint Simon écrit un *Parallèle des trois rois*, dont Louis XIII, *outsider* historique entre Henri IV et Louis XIV, sort avec l'avantage), il y a celle de controverse, de *disputatio* ou de (noble) querelle. Il s'agit en effet d'une compétition honorable (« que le meilleur gagne ! »), les concurrents ou rivaux se mesurant en actes et par arguments devant témoins.
2. Comme l'observe André Chastel, l'architecture, qui passait au quinzième siècle pour l'art supérieur (illustré par Brunelleschi et le *De re ædificatoria* d'Alberti, loué par Ficin et ses amis), ne manquait pas d'atouts à faire valoir, elle qui emblématisait et rendait spectaculairement tangible l'harmonie des proportions, dans un va-et-vient entre la cosmologie et l'esthétique. Quant au dessin, n'est-il pas le *patron* : le père, l'ascendant ? GiorgioVasari, qui paraît pencher pour la peinture en dépit de son admiration pour Michel Ange (il est vrai artiste complet), se met en position d'arbitre pour écrire : « J'affirme donc que la sculpture et la peinture sont en réalité sœurs, nées en même temps d'un même père, le dessin ; aucune n'a la préséance sur l'autre » , *Vies des meilleurs peintres, sculpteurs et architectes* – 1re éd. 1550/2e éd. 1568 – Édition commentée sous la direction d'André Chastel, Berger-Levrault, 1981, t. 1, p. 62.
3. Erwin Panofsky, *Galilée critique d'art* (1954), trad. de l'anglais et préfacé par Nathalie Heinich et suivi de « Attitude esthétique et pensée scientifique » par Alexandre Koyré, Les Impressions Nouvelles, 1992.

un esprit rappelant et Alberti et Léonard de Vinci), capable de rendre « la transparence de l'eau et de l'air, la brûlure lumineuse du feu »[1] ; Galilée loue un mode de représentation plus libre par rapport à la chose, il crédite en quelque sorte la peinture de fonctionner sur un arbitraire du signe : elle ne copie pas la nature, mais la transcrit ; elle est, par cette distance synonyme de prouesse, emblème de l'esprit s'émancipant de la matière ; Hegel et Baudelaire donneront à cette pensée son envergure philosophique ou poétique. Et lorsque Baudelaire, traite Victor Hugo de « grand poète sculptural » dans un chapitre intitulé « Pourquoi la sculpture est ennuyeuse », ne dirait-on pas qu'il soutient derechef le *paragone* (contre le « grand poète » et pour mieux exalter Eugène Delacroix) et avec l'argument qui, par exemple, a servi à Galilée[2] ?

Or, cet art très subtil où s'exprime, pour parler comme Baudelaire, une « aspiration vers l'infini » – et qui a su, non seulement « soutenir la comparaison » avec ses rivaux, mais encore développer au-delà de la corporation une Idée séculaire de l'Art –, cet art hardi et conquérant qui tutoie et Clio et Véronique, il est, au fond de lui-même rempli d'un doute lancinant, rongé par une manière d'angoisse touchant son identité et sa raison d'être. C'est d'avant Manet que date ce malaise ou du moins cet inconfort, qui, loin d'empêcher de créer, y oblige. Assumer l'historicité et le destin du christianisme veut dire en effet admettre la caducité et consentir à la mort sans certitude absolue qu'elle ne soit qu'un passage de vie à vie. Qui peut dire si la chair de la peinture sera finalement relevée ? préservée *in extremis* de l'enfer pavé de croûtes ? Plus profondément, se grandir (se « diviniser ») à la faveur d'un processus irréversible de dé-divinisation condamne, un jour ou l'autre, à

1. Giorgio Vasari, *Vies des meilleurs peintres, sculpteurs et architectes, op. cit.*, p. 61.

2. La sculpture, aimablement qualifiée d'« art de Caraïbes », « se rapproche bien plus de la nature, et c'est pourquoi nos paysans eux-mêmes, que réjouit la vue d'un morceau de bois ou de pierre industrieusement tourné, restent stupides à l'aspect de la plus belle peinture. Il y a là un mystère singulier qui ne se touche pas avec les doigts », tandis qu'« un tableau n'est que ce qu'il veut » etc., « Salon de 1846 », XVI, in Baudelaire, *Critique d'art*, Folio, p. 147.

regarder d'un peu plus près dans le moteur qui, résumerait-on, *marche* aussi longtemps qu'on y verse une étrange essence – produit de décomposition. C'est ici, côté créateur (et non pas spectateur), l'envers de la métamorphose des dieux. En peinture (en art) aussi, les dieux pourrissent, *auch Götter verwesen*, selon le mot de Nietzsche[1].

Si le divin est le dieu moins lui-même, arrive le moment où on ne sent plus sa présence. C'est ce qui se passe, à en croire Malraux, quand on suit la peinture de Florence à Venise. Le mystère de l'incarnation s'éclipse et laisse le champ libre à un incarnat somptueux, qui ne parle qu'immanence :

> « Le Christ régnait encore sur le cosmos médicéen, bien qu'il lui appartînt ; il ne règne pas sur l'irréel de Venise, où l'art, qui unit les hommes à un Dieu dont la voix ne couvre plus la sienne, leur dispense seul le monde où ils avaient cru voir un reflet divin. La beauté est devenue une "idée ouverte". Plus tard, le romantisme définira le beau par le "reflet de l'infini". Le cycle commencé par les mythologies toscanes s'achève. Un monde est né, où les figures sacrées ne sont plus que des sujets de tableaux, icônes de l'irréel[2]. »

On voit bien ici ce que Malraux entend par *cosmos* : un compromis temporaire entre l'ordre des dieux et l'autonomie de l'art ; il se fait sans doute d'autant plus aisément à Florence que la Cité pratique un syncrétisme heureux, sa peinture trahissant, comme le montre Pierre Francastel, l'influence plurielle et lointaine de fêtes et de spectacles[3]. Mais le charme est éventé, vers 1560, ou plutôt d'autres séductions s'emparent de la scène. Le « secret de

1. Friedrich Nietzsche, *Le Gai savoir*, § 125 (« *Der tolle Mensch* » /L'Insensé).
2. André Malraux, *L'Irréel*, *op. cit.*, p. 251.
3. Pierre Francastel, *La Figure et le lieu (l'ordre visuel du Quattrocento)*, Denoël-Gonthier, 1967. Voir également *La Réalité figurative* (Denoël-Gonthier, 1965), ouvrage dont j'extrais ces lignes : « Considérons [...] quelques pièces capitales : le château et la tour, le trône, le temple, le pavillon, l'arc et la porte, la colonne, la montagne, la grotte, le navire, l'arbre, la fontaine, le char, le monstre. Ces accessoires matériels sont empruntés, on n'en saurait douter, à la figuration plastique et théâtrale du Moyen Âge. Et, par-delà, dans bien des cas, à un fonds commun de symboles qui nous conduit jusqu'au théâtre hellénistique et même au-delà. Certains accessoires – comme le château ou le temple, l'arc ou le trône – possèdent

Venise ? », demande Malraux. L'art peut créer *tout seul*, sans manifester d'abord le monde de l'Olympe ou celui du Christ. Il lui reste à partir à l'aventure, par le moyen paradoxal de ce pseudopode qu'est *la touche*, explorateur multiple, tatillon, capable de couvrir la distance par proximités successives. Et cet art occidental, qui « devient consciemment un art d'Argonautes »[1], ne sait sans doute pas encore, avec Titien et Tintoret, qu'il cherche, en fait de Toison d'or, à se percer à jour à ses risques et périls.

4. Sortir de l'histoire par la mémoire

À cet éclairage brillant de la peinture, par le discours du tableau, qui, on l'a vu, ne va pas sans ombres accumulées tant que persévèrent l'histoire, la forme et le spectateur idéal, on peut préférer des lueurs moins franches, des enjeux moins catégoriques. Si le point de vue de l'histoire est celui du commencement et de la fin (et, partant, forcément du commencement de la fin), décidons, sinon de l'abandonner, du moins de l'équilibrer par la considération d'autres ressources dont, sans doute, ne cesse jamais de disposer la peinture. Elles se rassemblent dans ce que j'ai choisi d'appeler l'*origine de la peinture*[2].

Celle-ci se confond si bien avec le devenir (en l'espèce, de la peinture), qu'elle ne se préoccupe aucunement de repérer et de ranger selon la succession des états ou étapes entre l'identification

d'ailleurs, au XVe siècle, des valeurs complexes où se superposent et s'amalgament des significations presque contradictoires. Le christianisme a imprimé sa marque sur la plupart de ces thèmes dont l'origine a sans doute été d'abord païenne [...]. Considérons donc que le *théâtre* des XVIe et XVIIe siècles utilise un matériel d'accessoires emblématiques qui démontre son origine à la fois gréco-latine et chrétienne, et qui lui est venu, en partie, à travers la peinture », (p. 206-207).

1. André Malraux, *L'Irréel*, *op. cit.*, p. 240.
2. Michel Guérin (sld), *La Cause de la peinture (études en hommage à Jean-Claude Le Gouic)*, PUP, Aix-en-Provence, 2008, « L'origine de la peinture ».

du début et l'aperception du terme. Pareil historicisme est cependant partagé peu ou prou par l'Imaginaire pictural, de Vasari à Greenberg en passant par Hegel – la peinture d'histoire (se) racontant sa propre histoire, en tant qu'elle épouse parfaitement la forme et la fin de l'Histoire. Avec l'analyse hégélienne de la peinture comme art romantique (révélant une impatience de l'infini envers la forme finie), la phase construction de l'Imaginaire pictural se renverse ; commence la déconstruction, la retraite en bon ordre. Après l'accomplissement (de climat vasarien), la dissolution (*Auflösung*) de l'art. D'abord, il a tendu vers sa perfection (Michel-Ange) ; ensuite, il se dé-tend et, au cours de cette *réduction* (Duchamp), il s'enseigne lui-même son noyau en apprenant à se passer des superfluités qui l'entourent et le cachent : l'action, le sujet, le dessin, la perspective, le modelé, le cadre et jusqu'à la palette (les couleurs) et, encore au-delà, la peinture dans sa réalité physique – le risque de cette réduction à soi (même) étant bien entendu la réduction à rien, comme si le nihilisme était la vérité d'un historicisme *en reflux*. À partir du moment où l'Imaginaire pictural s'est édifié sur des formes pénétrées d'histoire, il a programmé son anabase – laquelle a lâché une à une toutes les formes pour ne conserver que le formalisme. S'il est vrai que voir et recevoir la peinture a sans doute toujours supposé un discours et, sinon une théorie, du moins ce que j'appelle un Imaginaire ; que l'« esthétique du spectateur »[1] (ou du critique) oriente fortement l'idée qu'on se fait de son évolution[2], n'importe-t-il pas de revenir vers le réel de la peinture, non seulement sa physique, mais aussi sa mutité décourageant comme indue la tentation de (la) prendre (par) la parole ? Cette origine de la peinture qui, encore une fois, est matière durable, *durée* (au sens de Bergson) et ne saurait être confondue avec le début ou le commencement

1. Qu'un Nietzsche oppose, comme on sait, à l'« esthétique du créateur », entre autres textes dans la troisième partie de sa *Généalogie de la morale* (§ 6).
2. En déterminant essentiellement le regard porté sur telle œuvre, ici et maintenant.

(diachronique/historique), ne détermine donc pas un départ (chronologique) de la peinture ; il ne s'agit pas d'un événement naissant, mais bien de l'acte (de) naissance, de la naissance comme acte prolongé, indéfiniment contemporaine du devenir de la peinture. Sous ce rapport particulier, l'origine de la peinture se moque éperdument de toute histoire ; elle est trop intemporelle, trop durée et matière et réfractaire au temps spatialisé, pour être réceptive à l'Intemporel. Elle fait faux bond d'avance à l'Histoire parce qu'elle est pétrie de mémoire.

Considérons donc le « dur désir de durer » (Paul Éluard) de la peinture, que les Paléolithiques nous rappellent sans qu'il nous soit besoin de convoquer en étai un discours, c'est-à-dire une intentionnalité déclarée. Notre émerveillement devant un *fait pictural nu* (auquel les hypothèses explicatives n'ôtent ni n'ajoutent) est peut-être l'écho fraternel, par-delà l'histoire, du saisissement de ses hommes en proie à la figuration : on peut imaginer qu'émergeait sous les yeux de leurs doigts, dans un alliage de jouissance et d'interrogation stupéfiée, l'*épos* élémentaire, déictique, de la création (« C'est donc ça ! »), l'animalière cosmogonie de la caverne-monde. Ce qui se joue ici, ce n'est aucunement on ne sait quelle naïveté ou primitivité de l'art, mais bien l'origine *naturelle* de la peinture à travers une pulsion de *figuration* aussitôt soutenue par les parois et entretenue par la configuration matricielle de la grotte. Toute l'histoire de la peinture, le déroulé de ses styles et la hantise de sa mort, a l'air d'appartenir à un autre univers, comme si cette lointaine préhistoire n'était pas au seuil, à l'orée de l'histoire – celle-ci conservant ses archives successives entrelardées de gloses –, pas un *avant* reculé dans le temps, mais une évidence brute et flagrante, dont l'énigme tient au mélange d'absence (à force d'être plus-que-passé, le temps a-t-il jamais été ?) et de présence intempestive dans notre pâle présent.

La peinture pariétale figure l'animal (l'homme n'y étant qu'hapax). C'est d'abord en ce sens qu'elle est naturelle : non pas d'« imiter » la nature, mais de lier d'un nœud violent, plein d'amour et d'effroi, la nature (l'*animans*) et la figure qui, bien avant de se représenter (comme) humaine, signifie l'œuvre jaillissante d'une *natura naturans*. Par-delà les siècles, un Cézanne se souviendra que *la peinture nature*.

Mais la langue (grecque) elle-même, comment nous laisserait-elle oublier que le motif qui déclenche l'activité figuratrice, c'est le vivant comme tel, le *zoôn* ? Peintre (*zoographos*) est celui qui s'emploie à *graphein*, graver (écrire/inscrire) ce qui vit, l'animal.

Dira-t-on alors que la visée zoographique recèle une contrariété interne puisque, se définissant du vivant (qui est son sens), elle s'exécute de le fixer (ce qui est son but) ? À la fois, la *zoographia* est éloge de la vie et tribut consenti à la mort, mortification. Peindre, de façon plus patente qu'écrire (puisque la vie, avant d'être éventuellement « intérieure », est physique et se donne à voir), consiste à substituer au vivant son signe, à re-présenter l'absence : en somme, à faire, quand il est vivant, le portrait du mort. Cet aspect « morbide » de la peinture, par quoi se scellent ses affinités avec l'idiosyncrasie historienne, se trouve renforcé par la contamination de l'ombre (*skia*). Peindre seulement avec la lumière reviendrait à anéantir les corps animés qui se déplacent « dessous le soleil »[1] ; et on sait quel cas un Léonard, particulièrement, fait de l'ombre dans la cinquième partie de son *Traité de la peinture*. Pas de *zoographia*, donc, qui ne soit, dans une proportion variable, *skiagraphia*. Si bien que les deux légendes de la peinture, l'ovidienne et la plinienne, développent séparément un programme qui ne peut se réaliser que par leur conjonction. Or, si le clair-obscur dans l'art chrétien signifie une requalification spirituelle de l'invisible (en termes d'intériorité,

1. La définition de la peinture que Nicolas Poussin adresse de Rome à M. de Chambray le 1er mars 1665 détermine un programme « zoographique » : « C'est une imitation faite avec lignes et couleurs en quelque superficie de tout ce qui se voit dessous le soleil, sa fin est la délectation », in Nicolas Poussin, *Lettres et propos sur l'art*, Hermann, 1994, p. 174.

d'intimité ou d'infini), la sémantique grecque de l'ombre est nettement négative, car le mot *skia* renvoie à la fois aux Enfers d'Hadès, aux spectres et aux fantômes dont la place est sous terre, et à la *tekhnè phantastikè* qui, pour Platon, est le signe infamant d'une peinture qu'on dira plus tard « illusionniste ». La peinture, soi-disant indexée sur le vivant à reproduire, est alors doublement mortification : comme idole fantastique (*skia*) et comme écriture (*graphè*) inductrice d'extériorité spatiale et de contiguïté inerte de ses caractères (*grammata*). Que reste-t-il alors du *zoôn* ? Dans le meilleur des cas son (picto)gramme muet, dans le pire une apparence illusoire.

Sous ce rapport, le personnage de Frenhofer du *Chef-d'œuvre inconnu* de Balzac emblématise jusqu'au fol *aveuglement* la puissance d'illusion qui hante les fibres de la peinture, lui qui prend *à la lettre*, c'est-à-dire au *gramme* près, le transfert de la vie à son image peinte. Or, une chose est, comme voulait Léonard, de procurer au tableau l'animation sans laquelle il est froid, une autre chose de croire qu'un être animé sortira de la peinture par la magie de l'art.

Il appartient donc aux peintres d'éprouver la tension qui flanque la pulsion figuratrice et dont les pôles ne sont rien de moins que l'affirmation du vivant et la mortification qu'implique l'univers des signes et des traces. Il est naturel de peindre ; la vie est ce qui meurt non moins naturellement. Or, il semble que deux voies principales s'ouvrent : l'une est celle de l'histoire, l'autre de la mémoire. À mon sens, elles ne se distinguent pas encore dans le passage du *De pictura* où Alberti, au tout début du Livre II[1], vante la force divine (*vis divina*) d'un art réalisant la jonction métaphysique et la liaison physique entre les vivants et les morts. La peinture est exercice de piété mémorielle, manifestant ainsi la supériorité de la vie sur la mort, la victoire du paraître sur l'obscurité. Outre qu'elle est capable de « montrer après plusieurs siècles les morts aux

1. Alberti, *De la peinture*, *op. cit.*, II, § 25, p. 131.

vivants », bref de faire histoire comme on fait société, elle incarne pour les défunts la possibilité d'une *vita prælonga*, d'une vie prolongée. Cette puissance divine de la peinture est son privilège métaphysique – en jouant toutefois sur deux connotations du *meta* : ce qui passe au-delà des choses empiriques, la religion, le sens, les fins dernières etc. ; mais aussi ce qui se révèle *encore plus physique* que le physique ordinaire. Comme si la peinture, non contente de relier la mort et la vie, reliait aussi inlassablement la vie à elle-même, un mode d'être du vivant à un autre : les figures de vie à la vivacité des figures.

5. Figurer et naturer (*Figura naturans*)

Mais la déclaration la plus forte de l'auteur touchant ce que j'appellerais le *naturel pictural* (comme il y a pour Platon un « naturel philosophe ») est la suivante :

> « Il est d'ailleurs manifeste que la nature même prend plaisir à peindre – *ipsam denique naturam pigendo delectari manifestum est* – Nous la voyons souvent faire dans les marbres des hippocentaures et des visages de rois barbus[1]. »

Loin qu'il faille sacrifier au stéréotype de la *mimèsis* et se tenir à la maxime littérale de l'« imitation de la nature », c'est plutôt une intrication, un croisement chiasmatique que les actes de *figurer* et de *naturer* suggèrent. Si on nomme *figuratif* un morceau de peinture qui représente la réalité, on appellera *figuration* la puissance d'une peinture qui *nature* son objet. On citerait aisément maint texte de Diderot évoquant pareille affinité de la nature et de la peinture, mais c'est l'œuvre de Cézanne, inséparable de ses *logia* reçus, qui témoigne au plus haut degré – et qui plus est au seuil

1. Alberti, *De la peinture*, *op. cit.*, II, § 28, p. 143.

de la modernité – de la parenté profonde qui unit la peinture à la nature.

Je n'en veux pour preuve que ces deux notions-clefs par lesquelles l'artiste appréhende l'enjeu, pour lui, du processus créateur, c'est-à-dire la *sensation* et la *réalisation*. La première est tantôt qualifiée de « colorée », comme si elle était reçue ainsi, tantôt de « colorante », comme si, plutôt, elle indiquait l'apport propre et l'impact de la peinture agissante. C'est d'ailleurs la *réalisation* qui permet de lever l'équivoque, de fusionner le passif et l'actif – ce qui est prêté par la nature à l'œil et ce qui lui est restitué, rendu avec intérêt par le cerveau et le pinceau. La peinture entretient une relation duale avec la nature, qu'à la fois elle prolonge *et* transpose dans son aire d'idiotisme. Aussi Cézanne confie-t-il à Gasquet qu'il se sent commis à « joindre les mains errantes de la nature »[1], éprouvant l'obligation de la parachever, alors même que, par ailleurs, ne cessant de s'y mesurer, il souffre de lui être tellement impair, lui qui n'a pas, ainsi qu'il l'écrit à son fils peu avant sa mort, « cette magnifique richesse de coloration qui anime la nature »[2]. La réalisation doit-elle être comprise comme une « naturation » (et aussi sans doute une « maturation ») de la peinture, ou bien comme une « picturalisation » de la nature, son *devenir-peinture dans une matière-durée*, en tant qu'un tel ordre de phénomènes reste étranger à la logique de l'imitation et à la chronique historienne ?

Que de telles vues mêlent convictions (par exemple que le cerveau et l'univers se rencontrent *dans* la couleur), fantasmes, schèmes pratiques, maximes d'encouragement ; qu'elles fassent à l'imaginaire place plus large qu'à une vérité objective, cela sans doute. Il n'en reste pas moins qu'elles disent obliquement du vrai

1. Joachim Gasquet, *Cézanne*, Bernheim-Jeune (1921), réédition Encre marine, La Versanne, 2012, p. 149. La nature change, tout en étant elle-même à travers les apparences et les éléments, alors que l'art, lui, doit « donner le frisson de sa durée », dit encore Cézanne.
2. À son fils, le 8 septembre 1906, soit quelques semaines avant sa mort : « Je ne puis arriver à l'intensité qui se développe à mes sens, je n'ai pas cette magnifique richesse de coloration qui anime la nature », cité par Michel Hoog, *Cézanne*, Gallimard, 1989, p. 145.

sur la peinture, en éclairent la face que la tradition classique – encore une fois et pour condenser, *de forme Histoire* – a, sinon ignorée du moins subordonnée : la matière (*materies, materia*), le maternel et le matriciel (*matrix*), qui loge, non seulement dans sa surface-peau (*tamquam cutis*[1] dit Alberti), dans la trame de la toile ou le grain du papier, voire la texture du mur ou le fil du bois[2], mais encore dans tout le côté *chose* de la peinture en tant que, promis à durcir, à s'indurer, il agrège des solides (les pigments) par le moyen des liquides (solvant, huile, eau), profite de la tache, des coulures, des reliefs, du sec et de l'humide, etc. pour manifester premièrement qu'il est sa *cause* suffisante, qu'il est pour ainsi dire *causa sui* y compris en fait de figuration émergente et de rythmes initiaux – tout en supportant – par-dessus – des rôles empreints et d'emprunt. Personne, sans doute, n'est allé aussi loin que Roger Caillois pour thématiser la structure en miroir qui lie dans un rapport global de symétrie (comportant ce que j'appellerais des événements ou des incidences d'emboîtement réciproque) le discours de l'esthétique et l'inscription de l'homme dans la nature. L'auteur d'une *Esthétique généralisée*[3] y varie derechef l'idée d'une « *Natura Pictrix* »[4] ; expliquant le sentiment du beau par notre « acquiescement au jeu universel » et relevant une « complicité profonde », une « connivence » entre l'homme et la nature, laquelle entraîne de la part du premier « un consentement inévitable », Caillois cite Plotin : « Si l'œil n'avait pas la forme du soleil, il ne le percevrait pas[5]. » La beauté d'art renchérit, selon

1. Alberti, *De la peinture*, *op. cit.*, I, § 4, p. 79.

2. Rappelons que, dans la langue rustique, le latin *materies* signifie d'abord la « substance dont est faite la *mater* », c'est-à-dire le tronc de l'arbre en tant que producteur de rejetons ; par extension, la partie dure par opposition à l'écorce et aux feuilles. De là la signification « constructiviste » que revêt le mot dans la langue des charpentiers : bois de construction (par opposition à *lignum*, bois à brûler). Voir Alfred Ernout et Antoine Meillet, *Dictionnaire étymologique de la langue latine – histoire des mots*, Klincksieck, 2001 (1re édition 1932), p. 390.

3. Roger Caillois, *Esthétique généralisée*, Gallimard, 1962.

4. *Id.*, *Méduse et Cie*, Gallimard, 1960.

5. *Id.*, *Esthétique généralisée*, *op. cit.*, p. 20.

l'auteur, sur une « beauté brute et native que l'homme trouve tout armée sous ses pas »[1] : en somme une beauté *chosale*, indivise, indifférente, dont la forme est intégralement versée dans la matière, et réciproquement.

Toutefois, gardons-nous de réduire la tension duale qui constitue la peinture[2] à une dichotomie statique de la forme et de la matière, qui conduirait à opposer un type où triomphe la forme (à l'enseigne de l'idée, du dessin/dessein, de la scène) à un autre où régneraient exclusivement les états de la matière. On n'évite ici les faux problèmes qu'en remontant bien en amont de la distinction (sans doute depuis toujours éculée, et trop commode) entre le figuratif et l'abstrait – comme si l'on espérait prendre sur le vif la figuration même, l'émergence figuratrice en tant qu'elle joint dynamiquement, bien plus qu'elle ne les sépare, l'imagination des formes et les schèmes suggérés par la matière. Mais ces questions ne sauraient faire leur chemin si celui-ci reste balisé par les vieilles notions de forme et, surtout de matière. C'est, en

1. Roger Caillois, *Esthétique généralisée*, *op. cit.*, p. 36.

2. Rappelons la série : vie/mort, *zoographia/skiagraphia*, durée/espace, mémoire/histoire. À quoi il faudrait ajouter : réel/fictif, support/surface, plat/plan, chose/image – ces dernières séparations-liaisons renvoyant à ce que j'ai appelé l'*ontologie clivée* du tableau : dès qu'un corps de volume extra-plat est recouvert par une intention artistique de figuration, il est perçu *comme* plan (la considération esthétique s'assortit d'un *seeing-as*) : espace imaginaire se prouvant de s'exclure – ou de s'excepter – de l'espace réel et ouvrant à son tour (par un type de perspective) sur une profondeur stratifiée en plans proches et lointains (avant-plan/arrière-plan) en rejetant encore plus loin en arrière un inassignable fond, qui peut être aussi la réserve abyssale de l'infini (le *Grund* se dérobant comme « fond perdu », *Abgrund*). Il me semble que la belle somme érudite de Pierre Schneider, *Petite histoire de l'infini en peinture* (Hazan, 2001), qui apporte des éléments indispensables à l'élaboration de ces questions, mêle trop une sorte d'archi-symbolisme (la Genèse/le Déluge) avec les analyses de dispositifs pour qu'on puisse appréhender clairement cette déhiscence constituante qui, littéralement, *fait* le tableau, dans sa contrariété qu'on dirait également immanente-transcendante (réalité de l'image, idéalité de la représentation). Si cela ne dépassait les limites de cette étude, je montrerais qu'Alberti (*op. cit.* II, § 33, p. 153) s'emploie à dénier le clivage du tableau, autrement dit à dérouler, voire déduire contre l'évidence (et à la faveur d'un mot – « partie »), un *continuum* (empirico-fictionnel ou pragmatico-historique) entre les « rudiments » et le sens ultime de la peinture : comme si l'on pouvait remonter sans frottement ni hiatus des surfaces aux membres, des membres aux corps, des corps à l'action ou à l'histoire, comme s'il y avait homogénéité entre ces soi-disant « parties »...

particulier, dans un sens bergsonien, et non pas aristotélicien, qu'il convient d'entendre ici *matière*. Bien plus que le mol argile passif et soumis auquel la forme, noble et mâle, impose sa douce violence, la matière signifie à la fois le mouvement et le complexe (le total) et surtout, comme le marque Bergson d'entrée de jeu, « un ensemble d'"images" »[1]. Ces images sont réelles et non pas le produit subjectif de notre représentation. Il faut aller jusqu'à dire que si nous apercevons des figures dans une tache, qui *devrait* être amorphe, c'est qu'elles y sont, tant « il est vrai qu'une image peut *être* sans *être perçue* »[2] ! Ainsi, au lieu de concevoir la matière comme l'absence et l'attente de forme, essayons de la voir comme concrétion d'images en mouvement. De surcroît, sans récuser les impressions sensorielles, voyons la matrice moins comme contenant où se couvent les secrets de l'enfantement que comme rythme initial, figure *au moment* de naître. C'est assez dire qu'il ne s'agit pas de se payer de mots et, en prônant la *picturalité* au détriment du « sujet de la peinture », de revendiquer un matiérisme un peu niais comme antidote contre la volonté de dépeindre ou de symboliser. La peinture ne se motive elle-même que par les problèmes qu'elle se pose picturalement, tout de même que l'historien selon Marc Bloch n'est pas le greffier d'un passé docile à sa plume, mais l'homme qui écrit des *livres* dans lesquels il pose des *problèmes* d'histoire. Dans ce sens exactement, Martin Barré peut dire :

> « Je ne peins pas des Vénus ou des pommes, ou mon dernier rêve ou celui que je pourrais faire. Je peins des peintures, des *propositions* picturales, des *questions* sur/à la peinture[3]. »

1. Henri Bergson, *Matière et mémoire*, Avant-propos. Au cours du premier chapitre, l'auteur précisera que « ce qu'on appelle le monde matériel » est un « système d'images solidaires et bien liées », in *Œuvres*, Édition du Centenaire, PUF, 1963, p. 182.
2. *Ibid.*, p. 185. C'est Bergson qui souligne.
3. Dans un Entretien avec Christian Bonnefoi (1974), in Christian Bonnefoi, *Écrits sur l'art* (1974-1981), La Part de l'œil, Bruxelles, 1997, p. 48.

6. L'IMMÉMORIAL

De même qu'un sensualisme pictural n'a pas plus de sens ni d'intérêt qu'un intellectualisme qui ferait du tableau une simple métaphore, un signifiant bientôt vide ; qu'un matiérisme du pauvre ne guérit pas de l'illustration (du réflexe allégorique) – de la même façon, la considération de l'immémorial n'oblitère pas, mais tempère – équilibre – celle de l'intemporel. La matière résiste aux tentatives de toutes espèces de formes de la réduire en affirmant tranquillement son indépendance, sous les deux espèces d'une totalité (complexité) d'images in-dé-finie *et* d'une fourniture rythmique, « naturelle », hors de laquelle, Léonard le savait, aucune figure n'est animée, vivante. Ce n'est donc pas la moindre des façons à travers lesquelles s'exprime, on l'a vu, la dualité de la peinture, que de la dire à la fois l'activité artistique la plus ancrée dans la nature *et* le geste le plus avide d'histoire.

En ce temps qu'on place volontiers sous le signe d'une restriction (du nombre) des espèces et d'une extinction de la nature (et d'abord de son concept-norme) comme domaine de validité séparé, qui paraît voué à explorer, loin des flagrances « esthésiques » anciennes, le virtuel et l'immatériel, n'est-il pas pour le moins paradoxal, voire carrément déplacé (déphasé) d'appeler la peinture, non pas à relever son histoire, mais à descendre dans sa mémoire ? C'est à travers une image de submersion que Pierre Schneider envisage ce « retour du fond » :

> « Comme la mer, il est l'ennemi de l'histoire. Quels que soient les lieux ou les circonstances où il se rappelle à nous, il s'y montre immuablement immémorial[1]. »

Le paradoxe serait de découvrir, qui a toujours été *là* mais que les yeux voyaient sans la regarder – une (in)actualité de la peinture,

1. Pierre Schneider, *Petite histoire de l'infini en peinture*, *op. cit.*, p. 36.

une inadaptation de celle-ci au temps historique – et cette incommensurabilité (l'allemand : *un-zeit-gemäss*, *intempestif*) traduirait, bien moins l'infirmité d'un art « dépassé par les événements », arc-bouté sur ses recettes et ses rites, que la puissance renouvelée du seul art naturel (préhistorique) de se faire, à tout instant de la durée, contemporain de sa naissance. Sous cet angle, qui restaure une violente espérance dans le devenir sauvage, la peinture referait assidûment, au présent perpétuel, le geste de s'originer, de s'invaginer dans ses éléments, dans sa constitution fondamentale. Elle relèverait alors, non plus de Clio, Muse terrible et sans pitié, non d'une soi-disant mémoire réquisitionnée par l'histoire et tombée sous sa coupe, mais d'un *immémorial* – autrement dit d'une mémoire si profondément lointaine qu'elle a fini par s'oublier elle-même pour mieux *refaire de la présence*. La peinture est indémodable, dès qu'elle renonce à concourir pour le personnage de héraut historique, décline de rivaliser, sur une arène qui n'est pas sienne, avec d'autres mediums. Après avoir été, en régime de modernité, parangon de l'art autonome, il reste à la peinture, à l'ère postmoderne, d'être ce qu'elle a toujours été naturellement : l'art indépendant. Comme s'exprime Christian Bonnefoi, lors d'une conférence (« Situation picturale ») prononcée le 10 décembre 2002 à la Tate Modern de Londres :

> « Cette part originaire de la peinture, sa mémoire, non pas pure mais libre, est ce qui régulièrement dans l'histoire réapparaît et déséquilibre les blocs constitués [...]. Il y a donc eu, au sein de l'histoire, le surgissement d'une dimension anhistorique qui brise et détruit les certitudes de tout un pan d'histoire. Mais cette destruction [...] est une destruction amoureuse en ce sens qu'elle n'annule pas mais qu'elle ouvre[1]... »

1. Cette conférence a été publiée en mars 2003 à la librairie Mouvements (Paris) et reproduite dans le prospectus accompagnant les expositions toulonnaises de Christian Bonnefoi (Galerie Remp'arts et Galerie de l'esart) du 30 janvier au 13 mars 2004.

7. Un Indépendant

Le peintre à qui cette réflexion est dédiée a contribué grandement à la susciter, je veux dire par son exemple. Il livre à mes yeux le paradigme d'une pictura naturaliter spectata[1], *par quoi j'entends non pas une peinture qui se fait toute seule et se verse spontanément en* story boxes, *mais une façon* indépendante[2] *de procéder. L'homme ne se demande pas s'il ne gâche pas en vain une matière onéreuse, s'il ne gaspille pas un temps précieux (qui ne reviendra pas) ; l'artiste ne remâche pas d'hésitation touchant ce médium encombrant comme une vieille maîtresse de Barbey d'Aurevilly, désuet à ce qu'on dit, allez lâchons le mot – ringard ; aucune furtive pensée de trahison n'entre dans sa tête, il se moque du qu'en-dira-t-on, est sourd aux injonctions doctrinaires qui tombent d'époque en époque sur les chantiers d'art comme s'abattent sauterelles sur le grain ; il ne sait et veut faire que cela, peindre, et rien ne le fera dévier de sa route quotidienne : ni l'appel au bon sens (« ouvre tes yeux, c'est fini, arrache-toi au cadavre ! »), ni des considérations de carrière, ni la solitude de l'atelier, ni le spectacle des rimes et des frimes qui font les habiles du jour retomber sur leurs pieds.*

Indépendance égale résistance. Sans emphase, sans levée de bouclier, sans démonstration. Au jour le jour, heure après heure, sans

1. Je pastiche ici le Kant des *Prolégomènes* et j'oppose donc une peinture considérée *matériellement* à une autre qui le serait *formellement*. Le pastiche reste en surface et là s'arrête l'emprunt – aux syntagmes en chiens de faïence (ou à la paire d'éléphants d'ébène qui coinçait naguère les livres sur l'étagère du petit-bourgeois).

2. Je dois cette confidence au lecteur que j'avais d'abord intitulé le texte « L'art indépendant ou la nature de la figure ». Comme titre, cela n'allait pas, mais l'idée d'indépendance, elle, commande, à y bien réfléchir le motif d'une peinture qui se sent de force à *naturer*. C'est, ici, en hésitant entre deux mots (indépendance ou liberté ?), que j'aperçois combien l'indépendance a plus d'évidence sensuelle, de concrétude irréductible que la liberté, toujours tentée par l'emphase, voire parfois on ne sait quel sombre expressionnisme. L'indépendance n'a pas à se clamer, elle est comme chevillée au corps. Celui-ci respire cette indépendance et il n'y a pas besoin d'une longue observation pour départager les corps, même tordus et malades, qui respirent quand même et jusqu'au bout cette idée incarnée de ceux qui, même éclatants de forme physique, n'en donnent pas l'air à humer.

qu'on y pense. Vaillance inapparente, néanmoins révélatrice, pareille à celle des chevaux de Pierre Gascar, écrivain des bêtes comme Patrick Moquet en est le peintre.

> « Vers la liberté se pressaient des colonnes de chevaux si serrées aux sorties que des têtes reposaient sur des croupes voisines, animées par des saccades et par une envie de mordre l'air, comme les petites vagues effrangées qui crêtent les flots[1]. »

Patrick Moquet n'est pas un peintre animalier *: ses culs et pis de vache, ses chevaux en muscles et en queues n'ont rien à voir avec des scènes rustiques (façon Rosa Bonheur) ; j'y vois plutôt des portraits qui ont la particularité non de représenter un animal, mais d'identifier par expérience un territoire du peindre, un de ses possibles – poussé jusqu'en ses derniers retranchements. Si, d'ailleurs, la représentation de scènes était son but, sa facture le ferait plus proche des chasses au fauve de Rubens ou Delacroix. Car Moquet est un artiste* bestial, *je veux dire un artiste de bêtes et* par *bêtes (interposées) ; ce qui n'est pas* tout à fait *la même chose, n'en déplaise à Duchamp, qu'une bête de peintre.*

C'est en quoi aussi il se sépare d'un Maurice Mourlot, trop sage sans doute dans sa belle facture et son ferme désir zoographique. On ne sache pas que Colette se soit plainte, au contraire, de l'illustrateur des Douze dialogues de bêtes (1945). *Ses « Chevaux bleus » (1960), qui frayent avec le* Blaue Reiter, *abandonnant la ferme et ses scènes de genre, comme ses étranges « Hiboux en vol » (1972) ou encore les inquiétants « Corbeaux au pigeonnier » (1977), l'irrésistible « Chat debout » (1978) prêt à en conter, puis « Les Babouins » (1979) ne méritent nulle condescendance tant il est patent que le sens de l'animal et l'amour de la peinture viennent à sceller une alliance à la vie à la mort. Mais Mourlot, imprimeur et illustrateur dont la modestie s'abrite derrière Chardin et Cézanne, s'il a de la vigueur dans le*

1. Pierre Gascar, *Les Bêtes*, Gallimard, 1953, [L'Imaginaire, p. 36].

croquis, un ton original, ne prend pas assez de risque avec la Figure ; il reste gouverné par un souci du rendu qui relève de la mimèsis.

Les grands formats de Patrick Moquet, souvent des diptyques, ne sont pas figuratifs, en ce sens que l'animal n'est pas le sujet ni l'exacte ressemblance la visée. L'animal est ce qui anime la peinture, *rien de plus, rien de moins. Il est à la fois indispensable et surérogatoire. Il donne corps au rapport d'une intention mal sue et d'une toile faussement vierge, il « nature » la peinture. Il est un avec la violence, la cruauté verte (bestiale) de ses émergences rythmées. Il n'y a pas un homme plus doux que Patrick Moquet et pas un peintre qui l'égale en violence. Il jette sur la toile son énergie entière, libre de paître le troupeau de ses fantasmes. C'est pourquoi, la figuration prend d'emblée l'allure d'une fantastique (féminin qui ne doit pas être confondu avec le genre, masculin lui).*

*Comme, de surcroît, l'artiste ne saurait ignorer l'histoire, qui le porte aussi, de la peinture, il malaxe des pans de réminiscences humanistes au creux d'une vision où la ou les bête(s) sont les acteurs d'un drame innommable, parfois sanglant, excessif, sauvage. La peinture de Patrick Moquet est une peinture d'histoire très savamment mal élevée (mal embouchée) dont les héros sont des bêtes sans complexes, hautes en couleurs et qui tire sa virulence de cette mémoire toujours au présent, matérielle et durable, que j'appelle l'*immémorial.

Zoographie

Le latin *umbra* signifie d'abord *silhouette* – la projection au sol d'un corps opaque qui s'interpose entre la terre et la lumière. Tout ce qui existe entre Terre et Ciel doit rendre son tribut d'ombre. Valéry l'exprime ainsi dans la septième strophe du *Cimetière marin*,

> « Regarde-toi !… Mais rendre la lumière
> Suppose d'ombre une morne moitié[1]. »

Recevoir et rendre la lumière, telle est la loi de ce qui existe sous le soleil (et j'ajouterai, pour compliquer la situation, sous la Lune ou Saturne). En quels êtres, les plis et les replis d'un clair-obscur psychique, les variations atmosphériques brutales sont-ils plus manifestes que chez ceux qu'on appelle les « lunatiques » ? Quant à ceux qui sont nés sous l'influence de Saturne[2], souvent artistes ou penseurs mélancoliques, broyant du noir, ils semblent se complaire à remuer les pensées sombres que leur inspire le fardeau du temps.

1 Paul Valéry, *Charmes*, Le cimetière marin, *Œuvres I*, Bibliothèque de la Pléiade, p. 148.
2 Voir Rudolf et Margot Wittkower, *Born under Saturn*, trad. par Daniel Arasse, *Les Enfants de Saturne*, Macula 2000.

Il n'est pas possible pourtant, même dans une exagération métaphysique, ni de séparer lumière et ombre, ni de les regarder singulièrement de façon absolue[1]. Aucune lumière n'est assez forte ou rayonnante pour tuer dans l'œuf son rejeton ombreux ; à l'autre extrémité, il n'y a pas d'opacité si dense qui ne laisse filtrer quelques rais lumineux. À la fois l'opposition dramatique de l'ombre et de la lumière et leur nécessaire conjugaison expliquent, au-delà des réalités empiriques multiples qui les documentent, la vigueur métaphorique d'un conflit si fécond sur les plans religieux (pensons à Lucifer), métaphysique (la question du défaut ou de l'imperfection), moral (le problème du mal) ou esthétique (le clair-obscur et, sur le versant négatif, le laid).

Le laid n'est-il pas l'ombre au tableau du beau ? L'hommage détourné à celui-ci rendu ? Ne suppose-t-il pas la norme harmonieuse qu'il vise et manque ? C'est ainsi, pour le dire vite, que Karl Rosenkranz, hégélien contemporain de Baudelaire, s'applique, dans son *Esthétique du laid*[2], à apprivoiser, en bon idéaliste, la charge négative du laid (sous les espèces de l'absence de forme, de l'incorrection et de la défiguration) en le définissant par rapport à l'idéal, au lieu d'essayer d'envisager son scandale réel

1. Même Plotin ne le fait pas, puisque si l'Un est le père de l'Être, un Sur-être de lumière, la source absolue d'où émanent toutes choses distinctes, ce qui procède de lui ne s'en éloigne qu'en y faisant allégeance. « Même ici-bas, la beauté se trouve plutôt dans la lumière qui brille sur la symétrie que dans la symétrie elle-même », (*En.* VI, 7, 22, 24). Ce qu'il faut voir, commente Pierre Hadot, c'est « ce qui nous fait voir ; c'est la lumière qui est à l'origine de notre regard » (*Plotin ou la simplicité du regard*, Gallimard, Folio, 1997, p. 106). La matière n'est donc pas un principe contraire à l'Intelligible (archi-condensé dans l'Un, décompactifié dans les hypostases que sont l'Intelligence et l'Âme), elle en est le mode extrême, les confins – comme à la limite jamais atteinte de l'extinction de la lumière processive. La matière est ténébreuse et c'est au regard de la traverser d'une vision de lumière, de se convertir, au lieu d'en épouser la pente. Sur l'influence de la pensée plotinienne sur l'art byzantin, voir André Grabar, *Origines de l'Esthétique médiévale*, Macula, 1992.
2. Karl Rosenkranz, *Aesthetik des Hässlichen*, trad. par Sibylle Muller, *Esthétique du laid*, Circé, 2004. Convaincu que l'esthétique est d'abord la défense et illustration de l'idéal contre la vulgarité du monde moderne, Rosenkranz articule un propos qui nous paraît largement désuet, surtout si on le compare au courage de Baudelaire pour affronter le réel et l'époque et tâcher d'y puiser les éléments de la sensibilité moderne.

qu'aucune raison ne dissout ni n'écarte. Le laid serait ainsi à la beauté ce que l'ombre est à la lumière : moins une entrave qu'un moyen de les faire mieux ressortir par l'effet du contraste. Or, n'est-ce pas cette dualité dynamique (doublée d'une ambivalence affective) qui préside à l'instauration même de la peinture en Occident et la dispose, païenne ou chrétienne, à réverbérer un conflit dramatique plus intense et profond que tous les sujets de la scénographie picturale ?

1. La « *Skiagraphia* » et la hantise du double

Il ne nous reste aucun vestige direct de la peinture grecque de la grande époque des Zeuxis et Parrhasios, Apelle ou Protogène ; si bien qu'en dehors de bribes de descriptions ou d'anecdotes, notre idée de la peinture hellénique s'est bâtie sur deux ensembles de textes que séparent plusieurs siècles, pour ne rien dire du genre : quelques dialogues de Platon (surtout *La République*) et l'*Histoire naturelle* de Pline (XXXV). La condamnation (platonicienne) et la compilation (plinienne) n'ont en commun que de souligner une dimension de compétition insinuée dans cette production d'illusion ou d'apparence qu'est la peinture. Pline s'en sert comme d'un apologue d'artistes rivalisant de virtuosité, tandis que celle-ci aura, chez Platon, été stigmatisée comme mensonge mimétique digne d'un charlatan ou d'un sophiste des couleurs. C'est en réalité d'abord le nom donné à la profession qui doit nous alerter : la peinture se dit en grec *zoographia* et le peintre est *zoographos*, c'est-à-dire celui qui inscrit le vivant. Comment, par-delà les siècles, ne pas y trouver l'écho dans la célèbre définition que Nicolas Poussin adresse à Fréart de Chambray le 1er mars 1665 :

> « Une imitation faite avec des lignes et des couleurs en quelque superficie de tout ce qui se voit dessous le soleil ; sa fin est la délectation » ?

Preuve qu'une tradition s'est perpétuée jusqu'à Poussin, c'est par exemple, sous la plume de Vasari – créditant Masaccio d'avoir ni plus ni moins restauré la peinture – la définition de celle-ci comme « une contrefaçon de tout ce que la nature présente de vivant, simplement à l'aide du dessin et des couleurs » ; Vasari insiste un peu plus loin :

> « En vérité, écrit-il, on peut dire que les œuvres faites avant lui ont été peintes, mais que les siennes sont vraies, vives et naturelles à côté de celles des autres[1]. »

Si l'on compare avec la définition de Roger de Piles vers 1700, on aperçoit que quelque chose d'essentiel a disparu (sans doute d'ailleurs à l'insu de l'auteur), le cœur même de la *zoographia* : *le modèle vivant*, la Vie comme offrant à la peinture référence et sens. De Piles écrit en effet :

> « L'essence et la définition de la peinture sont l'imitation des objets visibles par le moyen de la forme et des couleurs[2]. »

L'imitation « fidèle » de la nature qui, dit la suite du texte, correspond à la « véritable idée » de la peinture, s'est délestée à la fois du *Zoôn* et de la condition du *Graphe* (la superficie). Elle est devenue plus abstraite, alors même que de Piles place le génie, non dans le dessin – qui « ne consiste presque que dans une habitude de mesures et de contours » –, mais dans le « clair-obscur » et l'« harmonie des couleurs »[3]. Il faut bien reconnaître que déjà, dans la formulation poussinienne, le glissement du vivant vers le visible, l'effacement du premier au profit du second est amorcé : l'expression « tout ce qui se voit dessous le soleil » peut encore, au moins implicitement et dans l'esprit de l'héliotropisme de *La République* (VI) qui fait du soleil le principe de l'existence *et* de la

1. Giorgio Vasari, *Vie des artistes (Vies des plus excellents peintres, sculpteurs et architectes)*, trad. de Léopold Leclanché vers 1840, *Masaccio*, Grasset, Les Cahiers Rouges, p. 67 et p. 68.
2. Roger de Piles, *Cours de peinture par principe*, Jacqueline Chambon, 1990, p. 19.
3. *Ibid.*, p. 25.

connaissance des êtres, tenir une sorte de balance entre le visible et le vivant ; avec de Piles, l'équilibre est rompu définitivement en faveur de la seule visibilité, lieu de la vérité de la peinture.

La dimension « zoographique » de la peinture, au demeurant, n'a sans doute jamais été paisible et univoque. Elle est flanquée aussitôt par un envers, conformément à ce qui a pris au Moyen Âge valeur d'adage, soit que la *mort saisit le vif.* Rendre le vivant en peinture est en effet œuvre de mortification. Si c'est la *Zoè* qui forme la fin de la peinture, ses moyens à l'inverse conspirent à valider le passage de vie à trépas, ou encore de chose animée en trace – en graphe – des objets. Écrire ou inscrire le vivant, c'est le transformer en signe : transférer la valence vie dans la valence représentation : chimie raisonnable que le Frenhofer du roman de Balzac[1], enveloppé dans son fantasme démiurgique, ne sait pas pratiquer. Si on peut dire une peinture vivante (au sens où Léonard de Vinci exaltait l'*animation* d'un tableau réussi, cet au-delà du métier et des règles de l'art poétique), ce n'est certes pas d'une vie réelle, mais de celle des lignes et des couleurs, des rythmes et des touches du geste pictural. Alberti était si pénétré de l'ambiguïté, proprement religieuse, de la peinture, pratique de vivants en direction de la mort et des morts, qu'il y voyait le pont reliant les générations à travers ce que j'appellerais une *piété mémorielle* :

> « Elle a en elle, écrit l'auteur du *De Pictura*, une force tout à fait divine qui lui permet, non seulement de rendre présents, comme on le dit de l'amitié, ceux qui sont absents, mais aussi de montrer après plusieurs siècles les morts aux vivants[2]. »

Et d'ajouter :

> « C'est donc que les visages des défunts prolongent d'une certaine manière leur vie par la peinture. »

1. Honoré de Balzac, *Le Chef-d'œuvre inconnu.*
2. Alberti, *De la Peinture/De Pictura* (1435), trad. par Jean-Louis Schefer, II, 25, Macula, p. 131.

Ce thème de la *vita prælonga* prend acte du hiatus de la mort et redonne après coup une seconde chance à la vie, mais sous d'autres espèces. Chacun sait que l'*effigie* est ce qui continue d'évoquer un visage disparu et que le *portrait*, selon les mots de Pascal, « porte absence et présence »[1].

Que la peinture soit, dans la sémantique grecque, mortification, autrement dit report sous forme de graphe et « en quelque superficie » des signes du vivant, fait apparaître en elle un duel, un *agôn* constitutif. Il se transpose à travers plusieurs expériences, qui toutes traduisent les hantises qui s'attachent au *double*. En ce sens, la *zoographia*, liée qu'elle est à la *mimèsis*, subit pour ainsi dire l'attrait irrépressible, le vertige de la *skiagraphia*, c'est-à-dire d'un mode d'écriture ou d'inscription qui table sur les ressources de l'ombre. Pour aller (trop) vite, Platon a nuancé sa condamnation de la *mimèsis*, sans la lever, bien sûr. D'une part, *La République* énonce que « l'art d'imiter est loin du vrai » (X, 598), que « c'est un jeu et non pas une affaire sérieuse » (602b) ; de même que le miroir reflète toutes choses passant à sa portée, mais en les frappant d'irréalité, ainsi la peinture entérine l'inexistence, flirte avec l'apparence illusoire puisqu'elle ne copie pas l'Idée prototypique, avec laquelle elle n'a aucun contact, mais ce qui est déjà une copie au premier degré de celle-ci, par exemple un lit fabriqué par le menuisier. D'autre part, et sur cette base, Platon distingue cependant deux sortes de techniques imageantes : la *tekhnè eikastikè* s'emploie à rendre l'image (l'*eikon*) ressemblante, tandis que la *tekhnè phantastikè* ne recule devant aucune astuce de simulation. L'« eikastique » est de bon aloi en ce qu'elle ne dissimule pas sa dimension iconique, la « phantastique » est au contraire intrinsèquement vicieuse, elle est de l'ordre de la tricherie, du faux-semblant, elle qui cherche à produire dans l'irréel des effets de réel. La « phantastique » refuse, en somme, d'assumer la représentation.

1. Pascal, *Pensées*, Laf. 260 (Br. 678), *Œuvres complètes*, Seuil, 1963, p. 533.

Elle n'a qu'un ressort : chercher à donner le change en trafiquant le paraître au moyen des dimensions, de la perspective, des ombres et des lumières ; elle « scénographie » des grandes machines avec des lignes qui fuient dans la profondeur évanescente, au lieu de se contenter sobrement d'une sorte de photographie d'identité du *zoôn* pris de front et selon un format proche de la réalité. L'ombre, c'est l'œuvre mauvaise et multiple de la *tekhnè phantastikè*, son « illusionnisme » comme on dira ultérieurement ; ce n'est pas seulement le noir, le sombre, l'opaque, c'est aussi le faux, le mensonge, la triche, le néant. Comme si cette part ombreuse, vraiment maudite, était la rançon d'une *mimèsis* incoerciblement magnétisée par le gouffre qui s'ouvre dès que l'Être, un et identique à soi, subit la sape du multiple et se prête à des dédoublements sans fin.

Les Grecs ne craignaient rien autant que l'obscurité, associée à la mort, au monde souterrain d'Hadès, aux fantômes et aux doubles. Comme l'a montré Jean-Pierre Vernant dans une étude qui a fait date[1], le *colossos* est la silhouette spectrale du mort, qui peut être une simple pierre dressée et réalise le scandale métaphysique d'être un être sans l'être – ni un objet ni un produit mental, mais une ombre indécise, flottante, paraissant hésiter entre la vie et la mort.

> « Entre la psychè du mort, écrit Vernant, brume invisible, ombre obscure, et la pierre, forme visible mais opaque et aveugle, il y a une affinité qui vient de leur commune opposition au domaine lumineux de la vie, caractérisé par le couple voir-être vu[2]. »

Pour l'« âme païenne », comme parle Péguy[3], la lumière seule est bonne et l'ombre est le véritable tourment, la punition dernière et affreuse pour une existence vouée au soleil et à l'entièreté de

1. Jean-Pierre Vernant, « La catégorie psychologique du double – le *colossos* », in *Mythe et pensée chez les Grecs*, t. II, Maspero, 1971, p. 65 et *sq*.
2. *Ibid.*, p. 75
3. Je fais allusion à l'un des deux écrits de Charles Péguy, sur l'histoire, *Clio – dialogue de l'histoire avec l'âme païenne*, le pendant chrétien étant *Véronique – dialogue de l'histoire avec l'âme charnelle.*

ses bienfaits. Dans l'*Odyssée*, est-il un voyage, donc une épreuve, qui coûte plus à Ulysse que la *nekuia* (chant XI), c'est-à-dire la descente aux enfers pour consulter Tirésias parmi les morts ? Il y rencontre le défunt Achille, qui lui confie qu'il changerait bien, s'il avait le choix, sa légende héroïque posthume contre une existence de rustre jouissant du jour :

> « Oh ! ne me farde pas la mort, mon noble Ulysse !... J'aimerais mieux, valet de bœufs, vivre en service chez un pauvre fermier, qui n'aurait pas grand-chère, que régner sur ces morts, sur tout ce peuple éteint[1] ! »

Il en va ainsi encore dans Sophocle, lorsque Antigone gémit de ne bientôt plus voir « la sainte clarté des cieux », alors qu'elle va descendre « vivante dans le séjour des morts », le tombeau lui tenant lieu funestement de « lit nuptial ». Nietzsche, dans *La Naissance de la tragédie*, parlera de l'art grec héroïco-tragique comme véritable théodicée esthétique, soulignant combien l'apollinisme, toutefois inséparable du dionysiaque, et le culte de la belle apparence, donc de la lumière, traduisent l'expérience proprement païenne d'une vie d'un seul tenant, tout entière dépensée dans ce monde-ci. Là est la raison qui permet de comprendre la répugnance (sans doute aussi la fascination ?) des Grecs, la phobie de toutes les espèces de la *skia*. C'est que l'ombre n'est pas seulement ce qui offusque et nie la lumière, ce qui prive l'existant de son énergie et le coupe de son désir ; l'ombre divise, détruit de l'intérieur en instillant dans l'unité de l'exister le poison du multiple. Le monisme païen accepte la souffrance, il la sait présente dans toute vie pleine, mais il reste désemparé devant les phénomènes qui traduisent une déflagration, une sape intime de l'existence. La lumière éclaire des entiers. Lorsque l'être-un se fracture, l'ombre se faufile dans les failles, complice de l'aveuglement, de la folie et de la mort. Sans doute, derrière les arguments rationnels de Platon pour détruire,

1. Homère, *Odyssée*, chant 11, trad. de Victor Bérard, Folio, p. 246.

ruiner de réputation, la peinture imitative, subsiste-t-il quelque chose de cette peur du double et de cette phobie païenne des ombres…

2. L'ÂME CHARNELLE

La peinture des temps modernes, dont Hegel a montré avec le plus de force combien son destin était lié étroitement au christianisme, n'ignore pas, bien sûr, le conflit de la lumière et des ombres. Mais elle le traite autrement, aussi bien dans les pratiques effectives que dans le discours qui les réfléchit ou entend les fonder. Autant, pour les Grecs, tout ce qui évoque l'ombre entraîne du côté de la tromperie ou de la fraude (l'*apatè*) et d'un égarement à vous rendre fou (l'*atè*), et finalement du côté de la mort ; autant pour l'« âme charnelle », c'est-à-dire chrétienne, l'ombre, loin d'être le malheureux résidu qui fait échec au règne parfait de la lumière, figure non le naufrage du monde sur les récifs du multiple, mais au contraire la présence transfiguratrice d'un « surmonde » (pour parler ici comme Malraux). Le rétablissement de la légitimité de la peinture à partir de la Renaissance, par-delà l'exercice de virtuosité émulatoire des apologues pliniens, passe d'abord, comme on sait, par la réhabilitation de la *mimèsis* en pondérant l'idéalisme platonicien par un réalisme heuristique dans l'esprit d'Aristote ; il s'appuie surtout sur la métaphysique chrétienne qui, théologiquement, crédite l'ombre d'une aptitude métaphorique à exprimer la lumière spirituelle dans sa transcendance par rapport au monde physique. Lorsque Baudelaire, dans le *Salon de 1846* exalte l'art de Delacroix, emblème à ses yeux d'un art moderne qui se confond avec le romantisme, il écrit cette phrase que Hegel n'aurait pas désavouée et même aurait pu signer :

« Qui dit romantisme, dit art moderne, - c'est-à-dire intimité, spiritualité, couleur, aspiration vers l'infini, exprimées par tous les moyens que contiennent les arts[1]. »

Si la plupart des peintres et des auteurs, derrière Alberti, inféodent essentiellement la peinture à la lumière, privilégiant la légende ovidienne au détriment de celle de Pline, Léonard de Vinci est remarquablement singulier dans le cas qu'il fait de l'ombre, comme il est, d'ailleurs, à peu près seul à interpréter l'imparité réelle de l'*ut pictura poesis* (dissimulée derrière une égalité trompeuse) en faveur de la peinture, science complète des phénomènes (*scienza*), alors que, et jusqu'au milieu du dix-neuvième siècle, la poésie (disons plus généralement le verbe) était supposée tenir le haut du pavé[2].

Je reviendrai tout à l'heure à Léonard. Je voudrais d'abord m'arrêter brièvement sur les deux légendes qui se disputent, dans l'espace occidental, l'origine de la peinture. Alberti, affirmant que l'inventeur de la peinture a dû être Narcisse[3], cherche la genèse de l'image peinte du côté du reflet ; or, cette image spéculaire tellement proche (à tous égards) ne peut être que celle du moi – et la représentation, conformément à une tradition hellénique, fait l'expérience, en ce « stade du miroir », de la division, de l'absence, de la négativité. Tirésias n'avait-il pas annoncé que Narcisse vivrait vieux à condition qu'il ne vienne pas à se voir ? L'image archiproche et cependant sans consistance, qui captive Narcisse dans l'eau très limpide où aucune bête ne s'est jamais désaltérée, lui fait face : elle proclame simultanément l'identité et la perte (division d'un en deux, absence qui préside à l'érection de l'image,

1. Charles Baudelaire, « Salon de 1846 », in *Critique d'art*, Gallimard, Folio, p. 81.
2. Principal témoin de cette déconfiture du verbe, concomitante d'une émancipation de la peinture, désormais fière de son silence ou de sa mutité, Charles Baudelaire encore une fois. Qu'on se souvienne du poème *en prose*, intitulé emblématiquement « Perte d'auréole du poète », dont, justement, la couronne de laurier a chu sur le macadam !
3. Alberti, *De la Peinture*, *op. cit.*, II, p. 135. L'argument de fond (le « stade du miroir ») est surdéterminé par un motif rhétorique : « car s'il est vrai que la peinture est la fleur de tous les arts, alors la fable de Narcisse convient parfaitement à la peinture ».

négativité du sujet qui se pose de se nier). Résumons : la légende ovidienne conjugue apparition et disparition (alors qu'il se voue à son image, Narcisse se déserte réellement, il est insensiblement happé par d'autres racines, il repousse fleur), frontalité d'une image concernant l'identité (la réflexivité ou l'ipséité en tant qu'elle passe par la division, le « stade du miroir »). La légende plinienne de la Corinthienne circonscrivant sur un mur l'ombre de l'homme aimé avant son départ évoque un tout autre type d'image : elle est *umbra hominis lineis circumducta*. La « technique » de la fille de Dibutade est donc bien « skiagraphique ». Cette fois, l'image relève d'une circonscription, d'un modelage : elle implique non plus la frontalité, mais le profil, à la place de l'identité l'altérité, au lieu de la lumière l'ombre portée. Elle est *vestigium* et demeure rivée à l'inscription d'un corps, alors que l'image réfléchie est l'expérience d'un affranchissement du corps. Dans un cas, l'image est corps, dans l'autre, elle s'en libère et n'est même *rien* d'autre que cette émancipation en acte[1].

Il est clair que les deux légendes fondatrices ouvrent la voie à deux traditions de la peinture et, au-delà, des arts plastiques : l'une est idéalisante, classique si l'on veut, et la *mimèsis* est inséparable d'une *sèméiôsis*, elle s'adresse au regard « philosophe » plutôt qu'à l'œil brut et enseigne en délectant plutôt que d'en « mettre plein la vue » ; pour elle, la peinture a pour principe la lumière ; l'autre est réaliste, explore le matériau, la pâte, les pigments, les couches : elle accorde à l'ombre un rôle conséquent. D'un côté une idée de la représentation ou du tableau qui préconise l'évidence, l'exposition (toutefois gouvernée par un cadre, qui est

1. Ces réflexions doivent à l'ouvrage de Victor Stoichita, *Brève histoire de l'ombre*, Droz, Genève, 2000. Stoichita écrit notamment : « Toute une dialectique de la représentation occidentale nous a appris… que la frontalité – et le miroir – constituent la forme symbolique du rapport du moi au même, tandis que le profil – et l'ombre – constituent la forme symbolique du rapport au moi à l'autre » (p. 236). Voir également Pierre Legendre, *Dieu au miroir (Leçons III/Étude sur l'institution des images)*, Fayard, 1994. L'auteur exprime cette opposition en termes de métaphore et de métonymie (ex. p. 122).

d'abord mental, un « prospect » dirait Poussin) ; de l'autre côté, il s'agit moins de représenter que d'amener à la présence une réalité qui a tendance à se mettre à couvert, à se réserver.

Je me garderai bien de déduire de cette bipartition une histoire de l'art sommaire et réductrice, d'autant que certains artistes sans doute intègrent des éléments des deux ambiances. En somme, dans la peinture la plus représentative (figurative) on trouvera en cherchant bien l'once figurale par quoi le pur émoi, l'affect, désarçonne le regard ; réciproquement, il n'y a sans doute pas de tableau si réfractaire à tout sens articulé qu'il ne libère ici et là des séquences signifiantes.

J'ai suggéré que c'était l'influence du christianisme qui avait requalifié l'ombre et permis la transition de la mortification « skiagraphique » à l'inscription d'un ordre de faits ou d'événements attestant un au-delà de la nature naturée. Dans le fait, si, comme le montre Hegel, la peinture est propice à l'*intériorité* et à l'*infini* – deux dimensions de la vie de l'esprit, étrangères à la sculpture classique –, c'est en soustrayant des parts de visible que l'art investit ce qu'il en reste d'un zip d'invisible qui le transfigure. L'occultation partielle ouvre à une autre scène, sans limites, elle, puisqu'elle figure l'infini, infigurable. L'ombre est la marque de l'intimité, du dedans de l'âme, de ce qui ne saurait se communiquer sauf à s'éventer aussitôt ; il est judicieux, pour nous laisser deviner la pensée ou la méditation absorbée d'un regard peint, d'obombrer les yeux de chair, j'entends les organes naturels qui le servent sans jamais primer. Or, si l'ombre permet de rentrer dans les intérieurs (psychiques, mais domestiques aussi), de créer une dynamique de rejet de l'extériorité, c'est elle aussi qui conteste et pulvérise les limites de l'espace représenté, entraîne le regard au loin, jusqu'aux confins invisibles où il accepte sa perte comme consubstantielle à son propre ouvrage[1]. L'ombre est bel et bien

1. Je renvoie ici au livre de Pierre Schneider, *Petite histoire de l'infini en peinture*, Hazan, 2001.

liée à la chair, et celle-ci est différente des anatomies qui assimilent corps et formes : elle se donne à sentir, plutôt, lorsque les contours se relâchent ou se dissipent, soit pour prendre sur le fait la vulnérabilité et la précarité de l'humaine condition, soit pour prendre acte d'une relève qui joue cette chute à l'envers, depuis le Verbe. Dans son inspiration chrétienne, la peinture, de fait, n'a que faire des corps, elle s'intéresse à la chair, qu'elle se perde ou soit sauvée sous nos yeux.

Aussi bien, l'ombre ne saurait être confondue ni avec le noir ni avec le sombre. Chacun sait qu'il y a des noirs éclatants (ceux des Espagnols, de Manet ou de Picasso, de Soulages autrement), des miroirs noirs[1]. Et les jus de pipe marronnasses dont Huysmans félicite Manet d'avoir nettoyé la peinture ne sont pas de l'ombre, mais un dépôt confusément opaque. Alors que l'obscurité est un état, celui qui règne dans un coin sans lumière par exemple, ou lorsque la nuit est sans lune, l'ombre procède de l'action oblique de la lumière. L'obscurité est étale, l'ombre est portée et elle devient aussi *porteuse*. Elle transmet et témoigne. Elle dynamise. Elle est le contrepoint de la lumière et elle est en dialogue avec elle.

Dans la cinquième partie de son *Traité de la Peinture*, consacrée à l'ombre, la lumière et la perspective, Léonard de Vinci écrit que l'ombre « est un mélange de ténèbres et de lumière »[2] ; de là résulte que « le clair et l'obscur constituent, avec les raccourcis, l'excellence de la science de la peinture »[3]. Néanmoins, Léonard avait auparavant affirmé que « l'ombre est plus puissante que la clarté, puisqu'elle interdit la lumière et en prive entièrement les corps, tandis que la lumière ne peut jamais en chasser totalement l'ombre, du moins pour ce qui est des corps opaques »[4]. La lumière, pour lui, est d'essence spirituelle, les corps éclairés sont,

1. Voir le livre d'Arnaud Maillet, *Le Miroir noir (Enquête sur le côté obscur du reflet)*, Kargo et L'Éclat, 2005.

2. Léonard de Vinci, *Le Traité de la Peinture*, V, 652, Jean de Bonnot, 1977, p. 249.

3. *Ibid.*, V, 659, p. 251.

4. *Ibid.*, V, 537, p. 218.

eux, matériels et c'est la conjonction des deux qui est « la cause de l'ombre »[1]. En somme, l'ombre est le lieu mobile d'une rencontre entre principes spirituel et matériel, d'une alliance sous le signe du clair-obscur et de la science picturale.

Cette convergence en forme de contraste n'est-elle pas éminemment sensible dans l'œuvre de Rembrandt ? À la fin de l'*Irréel*, dont il n'est pas indifférent qu'il se conclue avec lui, André Malraux écrit : « Il n'est nullement un coloriste comme les Vénitiens ou Vermeer, mais le lyrique souverain de quelques couleurs orchestrées et délivrées du réel par le brun de l'ombre. » Rembrandt, poursuit Malraux, cherche « la communion *avec l'inconnu...* »[2]. Ce n'est pas un peintre chrétien, mais un artiste qui est venu à la pitié (donc au sentiment profond de la fragilité des chairs souffrantes et désirantes) par l'Ancien et le Nouveau Testaments. Et c'est sans doute là, quand Hendrickje Stoffels devient entièrement Bethsabée, quand la doctrine et la foi « historiques » commencent à donner des signes de faiblesse ou de confusion, que la peinture peut, pour un temps, se rassembler sur l'énigme muette de l'individuel (pensons aux portraits et surtout aux très nombreux autoportraits) et sur la tendresse obscure et dévouée qu'elle appelle. Voilà que la communion, c'est-à-dire l'eucharistie (le *Verbum caro factum*), se transforme dans et par la viande écorchée du bœuf, la chair somptueuse de Danaé et celle, affligée, des derniers autoportraits, en portraits d'inconnus, les premiers de la modernité, et qui doivent d'abord leur durable lumière aux ombres qui les pétrissent.

L'ombre sculpte, pétrit, fomente... On a évoqué son dynamisme, le remuement qu'elle cache et laisse deviner. Sans doute devrait-on alors la rapprocher, non pas du rêve et de ses lumières crues, aveuglantes, mais du sommeil. L'ombre est hypnotique : elle suggère, renoue des affinités perdues, rétablit un courant entre les

1. Léonard de Vinci, *Le Traité de la Peinture, op. cit.*, V, 535, p. 217.
2. André Malraux, *L'Irréel, op. cit.*, p. 282-283.

êtres, récupère au bord du néant ce qui allait disparaître. On la dirait végétative, si l'on ne devinait en elle la palpitation d'un souvenir ne dormant que d'un œil, occupé à détourer une révélation en cours, comme pour récolter le fruit ultime du temps. C'est ici toute la poétique hugolienne des *Rayons et [d]es Ombres* qui s'impose : ce n'est pas le trauma qui revient, brutal, mais toute l'ancienneté des jours, la permanence apaisée de l'amour dans son pouvoir de lier plus fort que la mort et, en somme, de tromper le temps (de combattre la caducité).

Plus généralement, l'époque pré-romantique et romantique, dans son investigation des *facultés* (qu'il s'agisse de philosophes comme Mendelssohn ou Kant, ou de poètes, tels Coleridge, Novalis ou, bien plus tard, Baudelaire), découvre la puissance de gestation nocturne de l'imagination créatrice, « reine des facultés », alors que l'entendement conceptuel et analytique ne touche que ce qui a été abstrait de la réalité vivante, retiré du flux de celle-ci. Or, l'imagination opère dans l'ombre, elle fuit le grand jour. Kant lui-même, pourtant peu enclin à la *Schwärmerei*, c'est-à-dire à la rêvasserie vaguement métaphysique, écrit du schématisme de l'imagination que c'est « un art caché dans les profondeurs de l'âme humaine », *eine verborgene Kunst in den Tiefen der menschlichen Seele*[1]... Cette ombre génésique et mnémique, les Modernes se sont sans doute trop empressés de l'interpréter dans l'ambiance conflictuelle de la psychanalyse. Or, la « profondeur » qu'elle recèle est plus organique et charnelle que psychique. Encore une fois, l'ombre est la vertu du sommeil, non le travail du rêve... Mais alors, peut-être deux espèces de l'ombre devraient être distinguées ? L'une qui rappelle le mort (ce serait le spectre, le fantôme, le revenant), l'autre qui, à l'inverse, signifierait le retour, la réintégration dans le temps du plus vivant de la vie.

1. Kant, *Kritik der reinen Vernunft*, Felix Meiner Verlag, Hamburg, 156, p. 200.

Jean-Marie Pontévia a bien senti que « dans la peinture, la lumière est amoureuse de l'ombre », parlant de « cette tendresse de la lumière et de l'ombre qui explique presque toute la peinture de l'Occident »[1] dans sa différence, notamment, avec la peinture extrême-orientale, « tout autre ». Selon l'auteur, le choix en dit long, singulièrement, de la soie pour la Chine, de la toile pour l'Occident. Celle-ci a pour atouts la solidité relativement rigide et rugueuse du support qui, pour ainsi dire, fait contrecoup au geste du peintre ; alors que la soie est surface lisse où tout glisse sans s'accrocher excessivement aux fibres de la matière. Deux visions se distinguent nettement. On a l'embarras des mots pour les nommer ; on dira par exemple que l'Occident dramatise, use des ressorts du duel, fût-il amoureux, et du contraste, quand l'Orient médite indéfiniment sur le passage et sur le changement. La Chine n'a pas, comme l'Europe, valorisé l'origine (mythique) et la fin de toutes choses, le *muthos* et le *telos*, qui forment les nœuds symétriques et spéculaires de tout drame, dans l'histoire sainte comme dans la philosophie, aussi bien que dans la peinture d'histoire. Il n'y a, pour le pinceau du sage oriental, ni être ni devenir ni sujet : il y a seulement le « il y a » et il signifie changement[2]. L'ombre, aimerais-je dire pour conclure ces quelques réflexions, est coextensive à l'essence du tableau ; elle disparaît de la peinture dès que celle-ci quitte l'espace du tableau. Elle n'est pas seulement un procédé pour restituer l'illusion du volume des objets, pour modeler en deux dimensions ; elle est surtout, grecque ou chrétienne, le metteur en scène du drame métaphysique aux cent variantes qui voit lutter la lumière contre les ténèbres, le bien contre le mal, l'être contre le néant.

1. Jean-Marie Pontévia, *La Peinture, masque et miroir (Écrits sur l'art et pensées détachées I)*, William Blake & Co, 1984/1993, p. 26.

2. François Jullien, *L'Ombre au tableau*, Seuil, 2004, en particulier p. 86, 90 et 136.

Cézanne et la réalisation

« … une sorte de paganisme qui irait par-dessus les siècles rejoindre les grandes époques nues et les naturels Olympes sans dieux*. »

* In Joachim Gasquet, *Cézanne*, encre marine, réédition 2012, p. 64.

Nature de la peinture

« *I*l y a une minute du monde qui passe ! La peindre dans sa réalité[1] ! »

Qui parle ici ? Cézanne, Gasquet, la légende, la peinture, la légende de la peinture ? Laissons la question en souffrance, au profit de celle-ci : de quelle forme est ce discours ? Il est binaire. Prenant acte d'un « il y a », il convoque à un agir. Il tire une maxime pratique d'un axiome, dont, à la limite, on pourrait se dispenser de savoir s'il vaut assertion ou hypothèse. « Il y a une minute du monde qui passe ! » Cette première proposition est exclamative, comme celle qui paraît s'en tirer avec la force d'une conséquence. Deux exclamations, donc, l'une sur l'autre. Coup sur coup. On ne peut rester sous le coup de l'initiale, qui est pressante et comme étonnée elle-même, stupéfaite, de ce qu'elle pose. La réponse, la décharge, c'est l'urgence d'une action : « La peindre dans sa réalité ! » Le problème se résume : soit le monde, le peindre dans sa

1. Gasquet cité par Bernard Dorival (*Cézanne*, 1948), lui-même cité par Denis Coutagne, *Cézanne en vérité(s)*, Arles, Actes Sud, 2006, p. 24.

réalité. Mais la donnée (le monde dans le « il y a », le « *es gibt* » de sa minute) comme le programme qui en sort ne s'assurent que l'un par l'autre. En d'autres termes, sur l'étonnement, on ne construit que la question. Une œuvre en mode de question. Et on est alors fondé à écrire l'équivalence : soit le monde, peindre ! Soit la peinture, le monde ! Figurer n'est pas imiter, mais répondre à la question que pose le monde à l'artiste dès que celui-ci revient de son étonnement devant le « il y a ». Par un apparent paradoxe toutefois, c'est l'aptitude à répondre qui fonde la question, qui, loin d'être naturelle et calme, traduit la violence de l'étonnement pour un existant dont la capacité propre est de répondre sans commencer ni conclure. « C'est effrayant la vie », en effet, qui n'a le temps de se préparer ni au départ ni à la fin, mais, au milieu, ne manque pas de répondant.

C'est assez dire, d'abord, que la « vérité en peinture » promise par Cézanne ne ressortit pas, comme induirait à le croire la citation de Gasquet si on la prenait au premier degré, à un rendu réaliste d'une donnée qui, pour être fugace (la minute qui passe), n'en serait pas moins positive, pour ne pas dire factuelle ; qu'il s'agisse d'un état des choses ou d'une sensation psychophysique. C'est pourquoi il faut résister à la tentation d'interpréter la première proposition en termes de hâte, de course de vitesse du pinceau avec le temps dans sa double acception chrono- et météorologique. Il ne s'agit pas pour Cézanne de capter au vol le passage des minutes et le changement atmosphérique des heures, de lutter contre la labilité à laquelle le monde serait en proie par les solides ressources de l'art. Cézanne, on le sait, confie à Gasquet qu'il a « voulu faire de l'impressionnisme quelque chose de solide et de durable comme l'art des musées »[1]. Le propos signifie aussi bien la distance que la proximité, dans la mesure où l'art cézannien provient de l'impressionnisme, qu'il prétend accomplir, quitte à

1. *Conversations avec Cézanne*, édition critique présentée par P. M. Doran, Macula, 1978, p. 121.

en changer assez radicalement l'esprit. Il n'est pas sûr, je le note par surcroît, que l'impressionnisme lui-même, recouvert depuis plus d'un siècle par une couche épaisse de clichés et de lieux communs, se ramène, comme voulait déjà Zola, à une « formule » divisée à l'infini, philosophie courte suscitant des exercices de virtuosité climatique à défaut d'engendrer *le* « peintre de génie, dont la poigne soit assez forte pour imposer la réalité »[1]. Je suis de ceux qui pensent, contre la réputation de bêtise qu'on lui a faite, qu'il est urgent de réhabiliter philosophiquement l'impressionnisme. Après tout, l'« œil impressionniste » qu'un Jules Laforgue oppose à l'« œil académique »[2] a, entre autres, libéré la peinture du sujet en (ré)inventant le *motif.* Il a montré que la figure pouvait fonctionner picturalement hors des contraintes de la représentation. Aucun peintre mieux que le dernier Cézanne n'en aura apporté plus flagrante preuve[3].

En condensant excessivement, c'est au Bergson de *Matière et mémoire* qu'il faut s'adresser pour rendre justice d'un seul tenant et aux impressionnistes et à Cézanne. C'en est fini avec eux et grâce à eux de cette vue de l'esprit – c'est le cas de le dire – qui prête au sujet la faculté d'octroyer sa lumière aux choses pour les

1. Émile Zola, *Écrits sur l'art*, Gallimard, « Tel », p. 446.
2. Jules Laforgue, *Œuvres complètes*, t. III, Lausanne, L'Âge d'homme, 2000, p. 330.
3. Je pense, par exemple, à *La Montagne Sainte Victoire vue de Bibémus* du musée de Baltimore (entre 1898 et 1900), à celles de Philadelphie et de Zurich (entre 1904 et 1906), au *Château Noir* (entre 1904 et 1906), mais aussi aux aquarelles, en particulier *La Montagne Sainte Victoire vue du chemin des Lauves* (vers 1902-1906) du musée Granet. Une toile de la Phillips Collection, identifiée par Lionello Venturi comme une vue du jardin des Lauves depuis la terrasse sud de l'atelier de Cézanne, pousse jusqu'à l'extrême le souci de trier l'image pour ne garder sur la toile que l'élémentaire, une mosaïque très travaillée de touches de couleurs que le peintre semble bien, en effet, être allé chercher aux « racines du monde ». Voir le catalogue (no 209) de l'exposition *Cézanne* de 1996 (Paris, Londres, Philadelphie), RMN, p. 484. Contre le lieu commun qui dresse l'abstrait contre le figuratif, il faut au contraire affirmer qu'on a ici affaire à une figuration (au sens dynamique et génétique, heuristique aussi, voire expérimental) – à une métafiguration si l'on veut (quoique, à mon avis, le « méta » soit déjà compris dans l'acte de figurer), qui, loin de se confier à l'ordinaire perception, s'en institue comme la contestation afin de lui opposer, quasi dans la signification juridique, une tout autre légitimité du visible.

mettre en espace en manipulant les ombres. La souveraineté du motif en peinture scelle la fin d'une longue conception de la forme – *eidos*, *forma* – dont l'envers tient au préjugé d'une matière passive, inerte et neutre. « La forme, affirme au contraire Bergson, n'est que du mouvement enregistré[1]. » Loin que la conscience projette sa lumière sur le monde, au contraire, pour l'auteur de *Matière et mémoire*, le cerveau, qui est dans le monde (et non l'inverse), intercepte et interrompt, tel un « écran noir »[2], le *cinéma général* qu'est pour ainsi dire le monde matériel, cette grande imagerie qui reçoit et qui rend du mouvement. La représentation n'enrichit ni n'élucide l'image présente, mais plutôt l'amoindrit en coupant, pour obéir à ses fins propres qui sont pragmatiques, les fils innombrables qui relient l'image à toutes les autres, c'est-à-dire à l'univers. La représentation, gouvernée par la conscience, est mutilation d'images, en ce sens qu'elle appauvrit l'image présente et affaiblit, voire éteint, la présence de l'image comme telle en étouffant le concert des images. Une image seule est une image fausse, disait, dans un autre contexte, Hugues de Saint-Victor. L'énergie renouvelée du motif (dont j'ai à peine besoin de souligner que son aspect mouvement fait jeu égal avec son aspect figure) empêche l'image de dégénérer en représentation séparée, ou encore lui fournit l'essentielle résonance avec la réalité de la matière, dont Bergson affirme qu'elle équivaut à « la perception virtuelle de toutes choses ». Cette perception de toutes choses, qui forme la réalité et l'action de la matière (ou la réalité de la matière comme action recevant et rendant le mouvement), ne peut être que virtuelle en tant que perception, puisque mon corps, image parmi les images dans le monde matériel, ne peut pas ne pas déchirer, comme centre d'action sélectionnant ses objets, la toile de « toutes les influences de tous les points de tous les corps ». Pour les

1. Henri Bergson, *La Pensée et le Mouvant*, in *Œuvres*, éd. du Centenaire, PUF, p. 1472.
2. *Id.*, *Matière et mémoire*, *ibid.*, p. 189.

percevoir, il faudrait, chose impossible, être au monde sans corps, habiter la chair du monde sans l'intermédiaire de sa propre incarnation, il faudrait, écrit encore Bergson, « descendre à l'état d'objet matériel »[1]. En somme, la perception intéressée, mais restreinte, va à contre-courant de la perception pure qu'elle suppose cependant comme la partie implique le tout. En l'espèce, lorsque l'action de la matière « passe sans résistance et sans déperdition », « la photographie du tout y est translucide ». Il faudrait percevoir les choses comme si nous n'étions pas là ou, ce qui revient au même, comme si nous étions en elles.

C'est dire combien la représentation, qui fait ressortir la gouvernance du sujet, est la plus mal placée pour prolonger l'écho des images matérielles que le motif pictural, au contraire, s'efforce autant que possible de récupérer pour le relancer. Représenter, c'est forcément séparer. Voilà pourquoi construire dans la couleur, pour un Cézanne élève des Vénitiens, signifie se garder de ce qui, dans le meilleur dessin, cerne, tronque, abstrait. Les couleurs expriment de façon vivante la plénitude organisée de la nature, alors que la ligne des Florentins et de Clouet, et plus encore d'Ingres, « ça ne suffit pas », « c'est une image, ça ne tourne pas dans l'air »[2]. *Imago sola, falsa.* Cela ne circule pas – et l'on sait le souci essentiel qu'est pour Cézanne cette circulation, cette aération bleutée qui, comme le démonique platonicien, met le tout en relation avec lui-même. Ou comment un semis de distances infinitésimales, une diffusion de vides imperceptibles est le moteur invisible de l'amitié de toutes les choses en plein air. Le vide ne fait pas trou,

1. H. Bergson, *Matière et mémoire*, in *Œuvres*, *op. cit.*, p. 198. Bergson écrit encore : « Notre perception, à l'état pur, ferait véritablement partie des choses » (p. 212). D'où le paradoxe : « En un sens, on pourrait dire que la perception d'un point matériel inconscient quelconque, dans son instantanéité, est infiniment plus vaste et plus complète que la nôtre, puisque ce point recueille et transmet les actions de tous les points du monde matériel, tandis que notre conscience n'en atteint que certaines parties par certains côtés » (p. 188).
2. Visite de Cézanne au Louvre. Propos rapportés par J. Gasquet, cités par Raymond Jean, *Cézanne, la vie, l'espace*, éd. du Seuil, 1986, p. 82.

mais nœud. Le monde de Cézanne est sous le signe d'une *philia*, non de la fusion ou plutôt de sa chimère. « L'art est une harmonie parallèle à la nature[1]. »

De telles réflexions ne visent pas à « bergsoniser » Cézanne, qui a déjà eu à souffrir tant d'annexions. Leur ambition est beaucoup plus limitée : elle est d'ailleurs moins de constater un air de famille épochal entre deux contemporains qui s'ignorent tranquillement que de faire ressortir, à l'aide du paradigme et du paradoxe bergsoniens de l'image en soi et de la matière comme ensemble d'images interagissantes et s'instituant mutuellement, la désuétude du tourniquet sujet-objet inhérent à la représentation et les apories de la *mimèsis* confrontée à la question de la vérité en art. On voit bien qu'on fait tort à l'impressionnisme, et aussi à Cézanne, si on leur prête le naïf programme d'attraper à la volée des sensations fugaces et d'éphémères lueurs comme l'oiseleur qui prend les petits oiseaux dans son filet. Car on ne fait que figer de faux objets, à force de croire qu'il existera un équivalent-peinture d'un mouvement particulier préalablement identifié. En d'autres termes, l'esprit cultivé, en cette fin du XIXe siècle, ne peut plus ignorer que la matière, déjouant les persuasions premières et substantielles, si elle est pleine, c'est d'énergie. Elle est essentiellement remuée et remuante, photogénique et « photophorique ».

Or, il y a le « il y a », c'est pour l'artiste le seul préalable – et non pas une manière d'être qui serait l'aspect de la nature ou le visage de l'être que le peintre chercherait à capturer. Il est vrai que certains propos prêtés à Cézanne paraissent aller dans ce sens, ce dont s'autorise, un peu rapidement je crois, Philippe Junod pour interpréter ce qu'il appelle le drame de la « réalisation » cézannienne comme une « survivance d'une esthétique de la conception "intérieure" »[2] impliquant la préexistence du modèle. La notion de modèle n'a de sens que s'il s'agit d'un objet particulier

1. Cézanne à J. Gasquet, *Conversations avec Cézanne*, *op. cit.*, p. 109.

2. Philippe Junod, *Transparence et opacité*, Nîmes, éd. Jacqueline Chambon, 2e éd., 2004, p. 144.

ou d'une idée singulière. Mais que pourrait bien vouloir dire l'imitation de la nature, quand celle-ci est le nom d'une totalité vivante, d'un mouvement ininterrompu, d'un procès indéfini ? Si, pour Cézanne, peindre la réalité du monde, c'est, non pas se conformer à une image empirique ou à une vision idéale, voire mystique, mais faire en quelque sorte la soudure entre des fils qui ne demandent qu'à être connectés, cela signifie qu'il n'y a pas de référence antérieure identifiable sur quelque plan que ce soit et que, ce qui est donné, ce qui est posé comme un « soit », c'est la rencontre charnelle, c'est la relation et non pas des termes séparés. De l'aveu de Cézanne (à Gasquet), « la couleur est le lieu où notre cerveau et l'univers se rencontrent »[1]. Dans le motif du tableau convergent les mouvements qui viennent de la nature (puisque Cézanne, d'ailleurs comme son contemporain Bergson, reste fidèle à cette vieille notion rafraîchie par le baume du plein air et se laisse volontiers enchanter, sans être sans doute tout à fait dupe, par les dérivations métaphysiques ou religieuses autant que par la fréquentation des vieux maîtres) et ceux qui animent le corps et le cerveau de l'artiste. Et si l'on devait poursuivre le schème prêté par Bergson, on dirait qu'avec Cézanne, exceptionnellement, c'est l'activité artistique qui, pour ne pas perdre le fil de la matière étourdie d'images, se crée des besoins et s'invente une pragmatique picturale et discursive afin de tenir des « objets » sous sa coupe ; ces « objets », ce sont les fameuses « sensations colorantes ». Quand je dis « objets », je mets bien sûr le mot à l'abri de la confusion par d'insistants guillemets ; mais je vais plus loin, puisque je suppose que, fût-ce à l'aide de philosophèmes controuvés, l'artiste s'emploie à « nouménaliser » ces « objets *x* », pour ne pas dire à les fétichiser, au point de confier à Gasquet qu'il « imagine parfois les couleurs comme de grandes entités nouménales, des idées vivantes, des êtres de raison pure »[2]. Cézanne vérifie et contrarie à

1. *Conversations…*, *op. cit.*, p. 112.
2. *Ibid.*, p. 123.

fois la règle du cerveau-corps faisant écran à la perception pure – à cette différence que l'écran noir est ici la toile blanche qui, sujette aussi à la rupture des communications, aux perturbations de lignes, au silence, à la séparation, tient pour ainsi dire registre, un peu comme la table de Mendeleïev, des pleins et des vides. Ainsi le veut la structure même du tableau et quasi son ontologie : un cadre et un plan pour y faire entrer, par le truchement des couleurs, d'un seul coup la réalité et la vérité. Car les couleurs d'un tableau – Cézanne prend devant Gasquet, s'enthousiasmant, l'exemple des *Femmes d'Alger* de Delacroix – cela vous « entre dans l'œil comme un verre de vin dans le gosier »[1]. Du coup, on n'est pas à la minute ! Bernard Lafargue a pu parler de la « lenteur charnelle » de Cézanne, hésitant parfois, selon certains témoignages, « vingt bonnes minutes entre deux coups de pinceau »[2].

Aussi bien, sans répudier absolument la signification horlogère de la minute, l'accent de presse qu'elle porte, convient-il d'essayer une autre acception ; je la dirai diplomatique ou notariale. La minute s'interpole entre l'original et les copies, elle fait office d'original dans la mesure où elle sert de patron permettant d'établir des copies certifiées. Du coup, la « minute du monde » désigne moins soixante secondes de temps compté que ce que Bergson appelle « la photographie du tout » qui est aussi, dans le contexte de la présente analyse, une photocopie certifiée du monde : non pas d'un aspect particulier de celui-ci, mais de son état général, j'allais risquer : de sa physiognomonie ; ou plutôt, c'est la photocopie « translucide » (mot encore de Bergson) qui, dans un aspect singulier, laisse voir l'imagerie universelle. Le trait spécifique qui traduit le tour générique. Le caractère manifeste qui trahit le tempérament, pour prendre un mot qu'aimait Cézanne.

1. Cité par Raymond Jean, in *Cézanne, la vie, l'espace*, *op. cit.*, p. 86.

2. Bernard Lafargue, « Une peinture de la lenteur charnelle », in *Cézanne d'un siècle à l'autre* (sous la dir. de Jean Arrouye), Marseille, Parenthèses, 2006, p. 43.

L'art de Cézanne est sous ce rapport aux antipodes de tout naturalisme descriptif cherchant, selon un mot de Flaubert à Maupassant, à « particulariser nettement ». Telle est l'intuition cézannienne de la nature, non exempte de panthéisme poétique (assez proche, à mon sens, de celui du Goethe de *Testament* ou de l'ensemble *Dieu et monde*), que le tout frémit dans la partie. La minute du monde, ce serait un portrait d'identité de la nature, un parmi d'autres, absolument unique tout en appelant et légitimant la série infinie de tous les autres possibles. C'est ici que le motif livre, après la figuration et le mouvement, le troisième paramètre qui le détermine : la répétition.

Les vues de L'Estaque, les Sainte Victoire, les baigneurs et les baigneuses sont des schèmes émouvants et mobiles ; la genèse de la figuration confond l'émotion du peintre et l'évolution de l'image à partir d'un chaos. Or la figure rémane, insiste, s'installe dans l'imaginaire, meuble sa propre fiction, comme s'il lui fallait continuer de domestiquer son mouvement, de se l'approprier. Quelle est donc l'origine de cette gestion inspirée du mouvement par la figuration et la variation, autrement dit du *rythme* que le motif reçoit et rend ? Alain, dans ses *Vingt leçons sur les beaux-arts*, répond : c'est le corps humain, « admirable résonateur, [...] enregistreur d'univers »[1], « enveloppe sensible », écrit encore Alain, vouée à être « battue par l'immense mer de l'existence »[2]. Ainsi, « peindre la réalité » ne signifie ni rendre scrupuleusement ce que nos yeux perçoivent, ni tenter de pénétrer son supposé secret, mais bien s'approcher jusqu'à l'extrême limite de celle-ci, chercher une sorte de corps à corps, provoquer la vibration des chairs tangentes, mettre en résonance les mouvements du monde et ceux de mon corps.

Jean Paulhan allègue une autre version sous la plume de Gasquet de cette « minute du monde », beaucoup plus dionysiaque : « On

1. Alain, *Vingt leçons sur les beaux-arts*, Gallimard, Bibliothèque de la Pléiade, « Les arts et les dieux », 20e leçon, p. 610.
2. *Ibid.*, p. 609.

nage dans *la vérité de la peinture*, on est saoul, je ne puis en parler sans trembler [...] *je suis devenu une minute du monde*[1]. » Au-delà de la question, posée à l'historien, de l'authenticité de ces « dits », il est clair que nous voici, cette fois, carrément dans la « mer de l'existence » dont parle Alain. Le peintre devient la minute du monde : il est le témoin privilégié, celui, justement, qui a qualité pour acter parce qu'il est au bord de l'affaire, il la touche, la tâte, sans aller, malgré l'hyperbole de la phrase, jusqu'à la fusion, qui serait fatale au témoignage. La peinture est une diplomatique, elle établit au contact de la source sa charte ou sa carte, objet de toute son attention critique dans le fond et la forme, par le moyen des sensations colorantes et des figures de base que sont le cylindre, la sphère, le cône... D'ailleurs, la fameuse lettre de Cézanne à Émile Bernard du 15 avril 1904 dit bien qu'il s'agit de « traiter la nature par », ce qui signifie que le tableau-minute, document authentique, charte d'alliance aussi[2], n'est pas l'empreinte d'une nature sauvage sur laquelle le peintre aurait collé son œil ; c'est un document qui est homogène à sa propre méthode : la « réalisation » est une transformation, à la fois critique et autorisée. Elle retire autant qu'elle ajoute ; son mouvement n'est pas d'abstraire, mais plutôt de discriminer et d'augmenter. La figuration cézannienne, qui n'est pas illusionniste, est diplomatique, au sens où Mabillon pouvait entendre ce mot. Elle *établit* la nature en la transformant – et l'on comprend le choc de Rilke, le poète de la Figure et de la transformation (*die Verwandlung*), quand il découvrit Cézanne, s'apercevant de la profonde parenté de leur quête. Les sensations colorées/colorantes donnent, certes, les touches qui « complètent » peu à peu, avec plus ou moins de bonheur dans le temps du faire, parfois en laissant des places vides, le puzzle de l'image en mouvement, et

1. Jean Paulhan, *La Peinture cubiste*, Gallimard, « Folio/Essais », p. 117.

2. Cézanne à J. Gasquet : « Le génie serait de dégager l'amitié de toutes ces choses en plein air, dans la même montée, dans le même désir », (*Conversations...*, *op. cit.*, p. 113).

simultanément construisent l'espace ; mais ce sont aussi des marques, des signes, c'est-à-dire des différences qui par leur contraste à la fois significatif et insignifiant maçonnent de véritables syntagmes picturaux. Quelle est, dans ce procès, la part d'une perception en état de grâce, c'est-à-dire de réceptivité extrême (l'attention tellement tendue qu'elle finit par s'oublier elle-même, comme si elle entrait dans les choses en leur faisant une douce violence) – et quelle la part de calcul, d'analyse, de composition ? Comment peut-on construire des masses avec des points ou des virgules, par définition aveugles à l'espace qu'ils induisent cependant ?

Tout cela respire une ambiguïté redoutable, que les critiques à leur tour ont cherché à interpréter comme ils pouvaient. Car il y a, pour ramasser sous cette forme une cascade d'équivoques, *deux corps de Cézanne*. Un corps de distance, phobique, voire comme j'aime dire « phobérotique », un corps de séparation qui souffre le sexe et du sexe ; et un corps de confidence et de contact, enregistreur, répéteur, massé et masseur. Un corps d'urgence et un corps de lenteur. Le premier est pressé, il coupe (court) et ne peut se départir de la violence des mouvements qu'il encaisse et répercute ; l'autre rêve de s'installer dans la durée de la matière, de se remembrer à un corps plus vaste, de se reposer dans une paix, dans une largeur d'être.

J'ai déjà, tout à l'heure, noté le paradoxe du corps-toile cézannien par rapport à la doctrine bergsonienne du corps centre d'action sélectionnant les objets qui l'intéressent et entrent dans la sphère d'influence de ses mouvements. Un corps qui agit est un corps qui coupe la plupart des fils qui le relieraient à la « nature ». Un corps qui propage de l'obscurité, rançon de ses éclairages utilitaires et, si l'on peut dire, égoïstes. *A contrario*, l'attitude esthétique, pour Bergson, consiste en une déprise par rapport au présent de l'action. Elle est disponibilité à la suggestion. Le caractère qui signe le sentiment esthétique, c'est d'ailleurs qu'il est suggéré et non causé. Bergson ne va-t-il pas jusqu'à comparer les « procédés de l'art » avec l'hypnose[1] ? L'art est, *stricto sensu*, une *révélation*, il nous détache des perceptions tournées vers l'action – si bien que, « si ce détachement était complet, si l'âme n'adhérait plus à l'action par aucune de ses perceptions, elle serait l'âme d'un artiste comme le monde n'en a point vu encore »[2]. Au passage, l'esthétique de Bergson, éparse mais attestée, se heurte *mutatis mutandis* à la même difficulté que celle de Schopenhauer : comment concevoir, si l'art vise à communiquer directement avec la nature en neutralisant les parasites de l'entendement et de la volonté, l'acharnement à la tâche des plus grands créateurs ? Demandons-nous : le corps du peintre agit-il ? Oui, certes, et il sait déterminer ses besoins, fait primer une nécessité pour nourrir la peinture. Tel est le retournement avec Cézanne : le corps coupe, il est une perspective, il trafique les dimensions, mais l'action qui le requiert entier est la cause du peindre qui demande plutôt l'abandon dans les mains de la nature, ultime pourvoyeuse des dons. Et il est vrai que les paroles de Cézanne, rapportées par quelques interlocuteurs qu'il a rendus célèbres, de même que ses toiles entretiennent l'équivocité, loin de la diminuer. Il y a un quiétisme qui ne va pas bien à première vue avec la volonté de construction et, au bout du compte, bien malin qui dira si la vérité en peinture est de découverte ou d'invention, si elle est donnée ou si elle est établie. Ce sont ici des oxymores qui me viennent pour dire ce corps duel de Cézanne, fait d'attention et d'abandon : sérénité coléreuse, fidéisme tourmenté. Lorsque Cézanne dit (étant admis bien sûr qu'il l'ait dit et sous cette forme) qu'il est devenu la minute du monde et qu'il nage dans la vérité de la peinture, c'est le côté abandon qui prévaut, comme si la vérité infusait dans le peintre jusqu'à le rendre ivre ; l'image serait celle d'une osmose. Elle est contredite par l'expression même « minute du monde », qui implique un appareil

1. H. Bergson, *Essai sur les données immédiates de la conscience*, in *Œuvres*, *op. cit.*, p. 13.
2. *Id.*, *Le Rire*, in *Œuvres*, *op. cit.*, p. 461.

critique et une méthode de traitement La « réalisation », pour aller plus vite, est-elle la manifestation effective ou l'effectuation patente de la nature des choses, ou bien la transformation « diplomatique » qui découvre la nature en l'inventant picturalement ? Est-elle « naturation » de la peinture ou « picturalisation » de la nature ? Les sensations colorantes ne sont pas une foucade subjective, et Cézanne y voit la réalité de la peinture. Elles ont donc comme une existence par soi. Mais tantôt elles viennent au peintre comme d'elles-mêmes, se livrent ; tantôt au contraire elles tardent, voire se refusent, et le peintre a l'obscure certitude qu'il attendra en vain. La réalisation n'a de sens qu'incomplète. Il faut qu'elle soit son propre effort, voire sa gageure. Cézanne hésite-t-il entre réalisation et révélation[1] ?

À une question si difficile qu'elle se fait impossible, sauf à tomber dans l'ornière des mythes, la réponse peut et doit être très simple. Quand on regarde une œuvre majeure de Cézanne, le fait est, je crois, qu'on est frappé par deux aptitudes de sens apparemment opposé : parler et donner la parole. Le tableau procède d'un tri, il sélectionne, décide, bref, construit, et on dirait que la peinture a la bride sur le cou, qu'elle se gouverne souverainement. Simultanément, on a du mal à évacuer un sentiment de fatalité, au sens étymologique et non pas pathétique du mot : ce que ce Cézanne chrysostome dit, ou plutôt retrouve dans ses chartes picturales, c'est quelque chose comme une sentence immémoriale, un

1. La minute est *critique*, donc un instant au moins équivoque, elle est minute de vérité. Elle est le contact *acté* entre l'original et le document dressé d'après. Invasion évasive de l'origine, intrusion attentive de l'acte, en l'espèce pictural. À suivre Louis Marin (« Cézanne au risque de la philosophie », in *Cézanne ou la Peinture en jeu*, actes du colloque « Cézanne », musée Granet, Aix-en-Provence, juin 1982, éd. Critérion), il faudrait « sans doute distinguer la toile du tableau : le tableau est du côté de la nature comme sa structure invariable ; la toile est du côté de l'art comme un de ses artefacts et tout le processus de peindre, la réalisation, consistera pour Cézanne à faire émerger le tableau prédonné dans la nature, dans la toile donnée à la peinture » (p. 78). Qu'est-ce à dire ? La toile réalise-t-elle le tableau qui, sans elle, resterait virtuel ? L'artiste se contente-t-il de donner « le coup de pouce » pour qu'émerge comme spectacle tourné vers l'homme – comme aspect – ce qui se suffit de soi dans l'immanence de la nature ?

déjà-prononcé du monde, un goût de déjà-vu et de revenez-y sublimé, une *sempiternitas*, un âge qui chanterait comme Rimbaud le refrain : « Qu'il vienne, qu'il vienne/Le temps dont on s'éprenne[1]. »

Cézanne est l'homme de la promesse, non de l'utopie. Il est dans l'éthique, non dans la morale. Dans une méta-physique (donc dans une physique), non dans l'histoire. Il lit Virgile et non pas les auteurs à la mode, à la pointe du temps. Il me paraît que son côté ours mal léché est la transsudation de ce fait essentiel, soit qu'il habite intempestivement son époque. Sans doute en remet-il, mais ce fait est là, comme une évidence physique, sensible à des contemporains, par ailleurs proches, qui sentent qu'il ne négocie d'aucune façon avec une modernité nerveuse que pourtant Baudelaire, le poète entre tous admiré, aura apprivoisée. Il garde un aspect géant, barbu, maçon, peu compatible avec les très bien élevées « deux moitiés de l'art ». Il n'est pas libéral et sa colère le trahit. Manet, qui ne l'aime guère (et c'est réciproque), voit en lui « un maçon qui peint avec sa truelle »[2], et Zola, à travers Christine, dans *L'Œuvre*, évoque une « peinture rugueuse » faisant penser à « un juron de charretier sur une porte d'auberge ». Toujours, en Cézanne, le Jas de Bouffan l'emportera sur la capitale, les vieux marronniers sur les diktats de la mode urbaine. C'est de là, de cette base, de ce tempérament, de cette pondération, qu'il tire sa position énigmatique de classique moderne. Ce que les biographes présentent comme un caractère de chien peut se traduire en termes d'ambition ou de situation esthétiques. Cézanne, bien sûr, capte son temps, en subit les impacts et en devine les sollicitations particulières, mais, qu'on le veuille ou non, il s'opiniâtre à penser nature, fond(s), profondeur, durée – sans compter qu'il est fasciné par la consécration du musée, récompense promise de la réalisation, si elle n'est pas restée en deçà de ce à quoi

1. Arthur Rimbaud, *Une saison en enfer.*
2. Raymond Jean, *Cézanne, la vie, l'espace, op. cit.*, p. 162.

elle s'obligeait. Cézanne, souffrant, incarne pour la génération qui suit une solidité, une victoire sainte sur les épreuves (par renversement, on retrouve les étraves de la Sainte Victoire). Lecteur de Baudelaire et de Virgile, il conclut une quête commencée « couillarde » dans le climat d'églogue de ce dernier. Alors que s'emballent bien vite les modernités, nihilistes quoi qu'elles en aient, s'empressant de liquider le passé avant de s'entrechasser de façon infernale au nom d'un Autre opposé péremptoirement au Même, Cézanne, avec une touche qui ne s'était jamais vue, parle un espace-temps déconcertant pour qui ne veut connaître que le jour d'aujourd'hui. Il n'est pas trop de dire qu'homme d'airain, il force son époque et sa propre vieillesse à accoucher d'un âge, d'une *aurea æstas* qui, pour n'avoir de signification ni mythologique ni utopique[1], n'impose pas moins son climat souverain. Les temps et lieux ne sont ni circonstanciés ni sublimés. Ce qui est magnifié, c'est *l'être-là* – dans et par l'accord physique de l'homme et de la nature. Ce mariage, c'est la peinture même qui le réalise, loin qu'elle l'illustre ou le thématise.

Comment, avec les choses terrestres, bâtir des corps en gloire – c'est la question et l'expérience de la peinture cézannienne. Toutes les saisons de Poussin se rassemblent : « Imaginez Poussin refait entièrement sur nature, voilà le classique que j'entends[2]. » « Marier des courbes de femmes à des épaules de collines » est un des degrés de cette réalisation ou de ce remembrement chiasmatique. En voici plusieurs autres : marier la figure et le décor, les traiter pareil, marier les arbres et les torses humains, la terre et l'eau, les bleus et verts avec les ocres et l'orangé. Peindre, pense Cézanne, « ce qui est pour toujours ». Invinciblement, la *sempiternitas* incorporée, incarnée dans l'art de Cézanne m'évoque Rimbaud :

1. En ce sens qu'elle ne vaut ni comme rappel, remémoration d'un passé d'excellence, ni comme anticipation ou préfiguration d'une ère à venir, censément enfin aux couleurs de l'homme, de la beauté, de l'amour… ou comme on voudra dire.

2. Cézanne à J. Gasquet, *Conversations, op. cit.*, p. 150.

« Elle est retrouvée./ Quoi ? – L'Éternité./ C'est la mer allée/Avec le soleil »[1] (mai 1872). Or, c'est de (re)trouver qui (con)sacre l'éternité en acte, et non pas l'inverse. L'artiste est un trouveur qui, dans l'idée que s'en fait Cézanne, fournit la nature de l'idiome dont elle est en quête. À propos des baigneuses, Jean Arrouye parle d'« objets picturaux » et surtout d'« êtres expérimentaux »[2]. C'est bien dire que si l'art est, au sens où l'entend Bergson, révélation, ce n'est pas en diminuant la part de ce que j'appellerai son *action poétique*, mais au contraire en s'obligeant au risque des figures et à l'aventure picturale. Promesse et expérience se tiennent chez Cézanne. Et si révélation il y a, elle est entièrement tributaire de la réalisation.

1. Arthur Rimbaud, « L'ÉTERNITÉ », le poème porte la date : mai 1872, in *Vers nouveaux et chansons*, *Œuvres complètes*, Gallimard, Bibliothèque de la Pléiade, 1972, p. 79.
2. Jean Arrouye, « *Cave canem* », in *Cézanne d'un siècle à l'autre, op. cit.*, p. 123 et p. 127.

Un âge d'or dans la modernité

On peut débattre à l'envi du rôle et de la place de Cézanne dans l'art moderne. Depuis qu'un consensus posthume tient pour axiome sa grandeur, nombre d'artistes, d'écrivains, de philosophes ou d'historiens se sont d'ailleurs évertués à distiller ce que Cézanne leur donnait à penser. En deçà des interprétations, s'impose le constat d'une *singularité*, qui ne coïncide pas avec l'aptitude générique à demi mythique attribuée aux artistes par le discours moderniste, soit *l'originalité*. Le fait brut de l'exception cézannienne se décline à travers trois facteurs au moins : l'identification à la peinture de celui qui prétendait mourir « le pinceau à la main » et y réussit à peu près, la retraite aixoise, une solitude visitée enfin, avec sa conséquence – l'accompagnement de l'œuvre peint par un corps de sentences.

Difficile en effet de séparer les tableaux de Cézanne de cette basse continue glossatrice. Cézanne, qui se méfiait des littérateurs et redoutait qu'on lui mette « le grappin dessus », n'en a pas moins le premier occasionné un discours du tableau, constitué de ses lettres, mais aussi de ses « mots » ou « dits » rapportés avec plus ou moins de fidélité par les Gasquet et autres Bernard. L'historiographie que ces premiers apôtres accréditent s'appuie sur ces *logia*. Il y a comme un évangile cézannien, une bonne nouvelle de la peinture.

Il me semble que ces particularités en faisceau s'attachent fortement à l'art cézannien qui, du coup, *s'oblige à* rendre raison deux fois : par une exigence inhérente à l'entreprise picturale (la logique même des sensations colorantes) et par la revendication de sens qui, nécessairement, s'enveloppe dans le langage dialogique et réflexif. La question est de savoir comment articuler les deux plans, desquels montent, respectivement, l'impératif de la touche juste et celui d'une phrase qui porte et, loin de toute complaisance psychologique, soumet carrément l'esthétique du rendu à l'éthique d'un faire se donnant sans compter à ses difficultueux accomplissements. À l'inverse de tout un courant de l'art moderne, Cézanne réfute le hasard et préfère, pour ne pas ruiner l'ensemble tel qu'il le voit, laisser un blanc sur la toile. La peinture doit être conséquente, puisque la nature « ne fait rien en vain » (pour reprendre une formulation de Diderot).

Aussi bien doit-on prendre toute la mesure de la fameuse déclaration du peintre à Émile Bernard : « *Je vous dois la vérité en peinture, et je vous la dirai* » (23 octobre 1905). Quelle vérité ? S'agit-il de montrer la réalité, sans l'idéaliser d'abord ? De rompre avec la grande histoire pour s'intéresser au quotidien et aux gens de peu ? De restituer les sensations, les rythmes et les beautés propres de la vie moderne ? D'énoncer enfin, en le prouvant par l'œuvre, ce qu'est et ce qu'enveloppe le geste de peindre, *tenu* par sa propre nécessité et, même, dans le cas de Cézanne, par une sorte de *furor*, à mi-chemin entre l'enthousiasme des Florentins et la rage inhérente à ce que Sartre appelle la « névrose objective » du second dix-neuvième siècle ?

Comment l'entendre, cette vérité *en* peinture ? Gardons-nous de croire qu'il existerait une Vérité générale et majuscule, douée de surcroît de la capacité de se ramifier et de se distribuer en s'exprimant sur plusieurs modes. À céder à ce schéma naïf, on est bientôt forcé de reconnaître au *Logos*, de façon tout hégélienne, un primat indiscutable et considérer que seule la langue du philosophe *dit* adéquatement le vrai : celui-ci n'étant que traduit, adapté ou transposé lorsqu'il émigre loin de la Parole ; autant dire qu'il s'exile, s'expatrie et, dans cette errance à travers des truchements, il s'obscurcit ou se voile. Mais, d'un autre côté, si elle est exclusivement multiple, comment ajouter foi à *telle* vérité, si on n'est pas, c'est le cas de le dire, de la *partie* ? Il faut donc que la vérité soit à la fois intègre et locale, ou plutôt *topique*, qu'elle soit toute dans le lieu – son lieu propre et proche, *topos idios* et *protos*, car une vérité sans lieu n'est pas fiable, elle se détruit aussitôt, est comme dilapidée, dispersée à tous vents. Elle est bel et bien d'un seul tenant, présente là sous nos yeux et s'indiquant elle-même (*index sui*), *toute* et cependant *relative à* une manière qui est aussi une matière. La vérité *en* peinture est indivisiblement la vérité *de* la peinture – et, ajoutons-le, c'est parce qu'elle montre la capacité de réunir les deux dans une éthique de l'effort, qu'elle peut ambitionner d'être simplement véracе. La vérité *topique* ou *médiumnique*, immédiatement médiée par son lieu de délivrance, ne se plie ni à l'idée ni à la *mimèsis*, elle fait corps avec un geste révélateur qu'elle exécute mais qui vient des choses ; elle est en somme sa propre analogie ; cela lui octroie cette faculté d'être aussi bien dans la moindre macule que dans la composition. La peinture est dans son mouvement vers son lieu propre ; le vrai de la peinture, c'est qu'aucune force au monde ne l'empêche durablement de se rejoindre.

A fortiori y va-t-il de la vérité du temps, par quoi s'entend moins ce qui passe que ce qui demeure. Cézanne se démarque des impressionnistes, qu'il croit à tort ou à raison voués à l'éphémère, par la forte intuition d'une souveraineté *sempiternelle*. L'art a pour cible « ce qui est pour toujours ». On pourrait ici penser, bien sûr, à l'« éternel et l'immuable », l'« autre moitié » de l'art selon la célèbre définition que, dans *Le Peintre de la vie moderne*, Baudelaire propose de la modernité, qui est aussi à part égale « le transitoire, le fugitif, le contingent ». Le rapprochement est cependant trompeur, Cézanne restant éloigné du dandysme, de la mode, de la ville capitale et, à la fin, de cette sorte de négociation nerveuse de la transcendance avec les emblèmes de la caducité. Le sempiternel cézannien est plus physique que métaphysique ; il s'inscrit dans la donnée d'un *âge* perpétuel, plus profond et plus fécond que l'historicité. Il n'a pas pour messager le signe, mais la sensation. L'évangile cézannien n'est pas d'obédience métaphysique, c'est une physique de la sensation, une annonciation de et par la couleur.

Le temps alors n'est pas aboli, mais magnifié, *retrouvé* – un peu comme pourra l'entendre l'auteur d'*À la recherche du temps perdu*, beaucoup aussi, j'y reviens, comme le voit son contemporain Arthur Rimbaud saisissant l'éternité comme cette fusion de la mer et du soleil où le Paraître entier a l'air de se condenser dans le geste de disparaître, de s'absorber ou de s'aspirer, comme s'il livrait le fin mot, son ultime révélation. Magnifique coucher mordoré des apparences effondrées. C'est dans cette implosion du Paraître à son faîte, qui vaut, soyons nets, éloge et non blâme de l'apparence, que l'*épochalité* se suspend dans son vœu de durer. Mais ce temps aboli *pour* être préservé dans l'écrin magique de l'âge a des caractéristiques spécifiques qui le distinguent aussi bien des passé et futur (qui ne « sont » pas), que du maintenant de l'instant et de l'éternité (platonicienne ou biblique). À Boèce on empruntera la nuance de la *sempiternitas*, du « pour toujours » qui convient si bien à Cézanne. Pareille expérience n'est pas celle de l'instant éternel, qui croit pouvoir gagner en intensité vécue, sentie, ce qu'elle perd en réalité « réalissisme ». S'il est vrai, en effet, que le maintenant diffère du temps glissant, rompt aussi bien avec ce qui n'est plus qu'avec ce qui n'est pas encore et ne sera peut-être jamais, reste que cette différence destituant le temps se constitue elle-même inexorablement comme celle qui le creuse à nouveau. Au plus aigu de sa pointe, là où le temps se dénie, le maintenant éclate comme une bulle – et revoici le temps. L'instant éternel relève de l'incantation, d'un verbe d'encouragement à être. La sempiternité n'est pas pétition d'éternité ; entre elles, il y a un hiatus insurmontable. L'éternité est un leurre parce qu'elle va au-delà du désir, l'anéantit par la contrariété qu'il y a de ne plus rien attendre ; la sempiternité est un rêve de temps. Le songe d'une *duration*. Et celui-ci a des vertus éminemment physiques, sensuelles. Le temps, pour ainsi dire, prend corps ou mieux se fait chair.

Vérité du temps dans le temps donc, et non de l'histoire. Matricielle plutôt que transhistorique. Voilà peut-être le point qui fait Cézanne échapper d'avance à l'envoûtement formaliste. La logique du « rien que l'art » (la planéité en tant qu'elle spécifie exclusivement pour un Greenberg le médium peinture) enveloppe la menace de se renverser un jour dans la thèse « l'art n'est rien ». Si la fin de l'art est la pureté de sa forme, alors s'impose implacablement la conséquence de sa dissolution aux vents rongeurs du temps historique. Cézanne est de ceux qui, loin de chercher la fin de la peinture dans une forme historicisée, trouvent au contraire son origine dans une matière sans âge ou, pour mieux dire dans une matière qui a la dorure de l'âge. L'*aurea ætas* cézannienne n'est ni mythique ni mystique, elle est *physique* dans l'acception grecque de ce mot (l'épanouissement) : comment, avec la chair du monde (re)membrer une corporéité en gloire – c'est ainsi, personnellement, que j'éprouve, dans les *Sainte-Victoire* comme dans les *Baigneurs* et *Baigneuses*, le climat du sempiternel. Toute grande peinture s'éprouve contemporaine de la naissance de la peinture. Consubstantielle à des leçons de corps, de genèse, de matérialité temporelle, la peinture de Cézanne transsude le « dur désir de durer ».

Vérité, encore, immanente et réfléchie ensemble. Elle se donne à voir dans la peinture, dans le contexte serré, dans la toile et la subtilité du peindre ; mais aussi elle répercute, montre picturalement ce qu'il en est de cet acte étrange dont Malraux écrivait que, depuis Manet, sinon Rembrandt, il était regardé – et pratiqué – par certains hommes, qui lui vouaient leur existence entière sans « savoir pourquoi », comme « leur valeur suprême ». En somme, la peinture, extravertie, en même temps qu'elle correspond au visible (et c'est l'énigme de la sensation, colorée/colorante, reçue et décochée, touchant l'œil manuellement intelligent qui lance la touche sur le plan), s'auto-désigne et fait à tout instant son portrait au-delà du principe de plaisir. La *réalisation* cézannienne est coextensive à l'idiotisme pictural ; c'est l'idiome des sensations colorantes en tant qu'il « dit » dans une spontanéité expressive paradoxale (mais quel « poète », au sens de Diderot – celui qui fait/crée –, *n'attend* pas l'inspiration ?) la vérité *en* peinture de la nature et la vérité réfléchie *de* la nature de la peinture.

La « réalisation » est un chiasme : entre la peinture de la nature et la nature de la peinture, entre la sensation colorée et la sensation colorante, entre le vu (quasi objectif) et le voir (méta-subjectif). La peinture entretient une relation ambiguë avec la nature, puisqu'elle la prolonge et la transpose, ne la retrouve qu'au terme et dans les termes de la rupture ontologique que par soi le langage (même des lignes, couleurs, figures et plans) décide. Ainsi Cézanne a-t-il le fantasme d'être, comme peintre, commis, selon des propos que lui prête Gasquet, à « joindre les mains errantes de la nature », tout en ressentant la souffrance de lui être impair, parce qu'il n'a pas, ainsi qu'il l'écrit à son fils peu de temps avant de mourir, « cette magnifique richesse de coloration qui anime la nature » (8 septembre 1906). Alors quoi ? La peinture est-elle un membre rapporté ou la tête chercheuse, la marge ou la partie capitale de la nature ? En d'autres termes : la *réalisation* est-elle une « naturation » (et aussi une maturation) de la peinture ou bien une « picturalisation » de la nature ? Un rendu pour une donnée ou le divin cadeau de l'art aux choses brutes ? Je répondrai : les deux ! La nature est avant et après, matrice et modèle. Interne et externe. Cézanne est un ascète, ce n'est pas un mystique. Il est dans une manière *d'obligation*, non dans l'effusion. C'est un artiste précis.

Où l'on retrouve cette idée de promesse, qui me paraît faire le lien entre la vérité et la sempiternité. L'artiste promet, remet à demain ce qu'il sait qui *est* : il prononcera ce qui déjà s'est annoncé. Bouche d'or de l'âge d'or. Certitude éthique qui veut que qui cherche trouve. Ce qu'on admire et considère de rare dans l'œuvre cézannien, c'est le « je vous dois » peint qui convoque le regardeur. Qui, de son tranchant, invite à une confrontation, une comparaison entre l'ambition inouïe qu'il promet, qu'une existence « régulière » (selon la règle, dans l'acception bientôt monastique du mot) atteste, et l'œuvre. Les autres peintres ne peuvent que souffrir de cette comparaison manchote, unilatérale qui les déclasse sans le vouloir. Cézanne est *le* peintre qui, demandant qu'on le compare à lui-même, à son vœu (je file la métaphore), c'est-à-dire qu'on le compare tout court, absolument, fait un mauvais coup à ses confrères, du même coup relégués à la météo ou à la rengaine, prisonniers de leur formule. Cézanne, qui a promis, promeut une peinture-promesse – devra tenir, tiendra. Voilà la solidité. L'étrange est qu'elle soit si palpable, si physique. « La réalité est du côté du peintre », écrit Rilke à Clara en visitant, impressionné, l'exposition du Salon d'Automne de 1907, un an après la disparition de l'artiste. Cézanne octroie à la peinture une dignité philosophique qu'elle n'avait plus connue depuis Poussin.

La tendance de fond de la modernité est à la *liquidité* (*linquere*, quitter, laisser la place), parce que les mouvements n'ont pas le temps de se constituer en écoles ; ils se poussent les uns les autres, celui qui point pressant l'installé (à peine) d'abandonner la scène. À cette fuite en avant, qui a déjà commencé et se précipitera, Cézanne, à la lettre à contre-courant, oppose le rocher (on est en droit d'en percevoir l'emblème dans la Sainte Victoire) de son entêtement à n'ajouter foi qu'à la logique – qui, on l'a dit, est aussi une physique – des sensations. Ce père de tous n'a pas de fils en propre. Il continue de représenter l'énigme d'un moderne classique, qui se mâtine d'une ombre de primitif. Il est le moins fait pour se prêter aux reconstitutions bien huilées, où l'idéologie et l'historisme se prêtent mains, de la légende de l'art. Il reste singulièrement *entier*, comme l'homme-rocher insubornable dont parle Alain et qui s'emblématise, à l'en croire, en trois noms et trois aspects d'hommes : l'artiste, le saint, le sage.

Origine des textes

L'*Avant-propos* ainsi que les essais intitulés « Bête de peintre ! » et « Zoographie » sont inédits. Les autres textes ont fait l'objet d'une première publication et ont été plus ou moins remaniés pour la présente édition.

La Peinture effarée (Rembrandt et l'autoportrait), qui constitue la première partie de cet ouvrage, a paru en 2011 aux éditions de La Transparence. Le texte est repris ici sans changements. Merci à Cyrille Habert.

La deuxième partie, intitulée *Mémoires d'ombres* (titre original) comprend, outre « Bête de peintre ! », « Zoographie », version modifiée quant au titre d'une conférence prononcée à Casablanca le 16 avril 2009 dans le cadre du colloque international « La part de l'ombre dans la création artistique », organisé par le Mécénat culturel de la Société Générale Maroc. Merci à Mohamed Rachdi.

Pour la troisième partie, *Cézanne et la réalisation*, « Nature de la peinture » est la version légèrement modifiée du texte paru en 2008 sous le titre « Cézanne ou la minute du monde » dans les Actes du Colloque du Centenaire à Aix-en-Provence (2006), « Ce que Cézanne donne à penser », publiés par les éditions Gallimard. « Un âge d'or dans la modernité » est à l'origine la Préface rédigée à la demande de l'auteur et de l'éditeur pour le livre de Denis Coutagne, alors Conservateur en chef du musée Granet, aujourd'hui Président de la Société Cézanne, *Cézanne en vérités*, aux éditions Actes-Sud en 2006. Ce dernier texte a été assez profondément remanié. Dans les deux cas merci à Denis Coutagne.

Du même auteur

La Figurologie

Nietzsche, Socrate héroïque, Grasset, 1975
Le Génie du philosophe, Seuil, 1979
Qu'est-ce qu'une œuvre ? Actes-Sud, 1986
La Terreur et la Pitié 1 – La Terreur, Actes-Sud, 1990
L'Affectivité de la pensée, Actes-Sud, 1993
Philosophie du geste, Actes-Sud, 1995, 2e éd. augmentée 2011
La Terreur et la Pitié 2 – La Pitié, Actes-Sud, 2000
Le Fardeau du monde (de la consolation), Les Belles Lettres, coll. « encre marine », 2011

Figurologiques

Lettres à Wolf ou la Répétition, Grasset, 1976
Les Compagnons d'Hélène, roman, Hallier, 1976
L'Homme Déo, roman, Grasset, 1978
La Politique de Stendhal, PUF, 1982
Jour/Gœthe-ballet, Actes-Sud, 1983
L'Île Napoléon, Actes-Sud, 1989
Les Quatre Mousquetaires, Rocher, 1995
Nihilisme et modernité, Jacqueline Chambon, 2003
La Grande Dispute, Actes-Sud, 2006
L'Artiste ou la toute-puissance des idées, Presses Universitaires de Provence, 2007
La Deuxième Mort de Socrate, Presses de l'Université Laval, Québec, Canada, 2007
Marcel Duchamp, portrait de l'anartiste, Lucie Éditions, 2008
L'Espace plastique, La Part de l'Œil, Bruxelles, 2008
Pour saluer Rilke, Circé, 2008
La Peinture effarée – Rembrandt et l'autoportrait, La Transparence, 2011

Achevé d'imprimer en septembre 2013
sur les presses de l'imprimerie Chirat
42540 St-Just-La-Pendue,
pour le compte des Éditions Les Belles Lettres
collection « encre marine »
selon une maquette fournie par leurs soins.
Dépôt légal : septembre 2013
ISBN : 978-2-35088-071-6